KB040046

로마 가톨릭교와 정치적 형식

Römischer Katholizismus und politische Form
by Carl Schmitt

© 1923, 1925, 1984 Klett-Cotta-J.G. Cottasche Buchhandlung Nachfolger
GmbH, Stuttgart
Korean Translation © 2024 by SecondThesis

The Korean language edition published by arrangement with J.G.Cotta'sche
Buchhandlung Nachfolger GmbH through MOMO Agency, Seoul.

로마 가톨릭교와 정치적 형식

지은이 칼 슈미트
옮긴이 윤인로

1판 1쇄 발행 2024년 7월 25일

펴낸곳 두번째테제
펴낸이 장원
등록 2017년 3월 2일 제2017-000034호
주소 (13290) 경기도 성남시 수정구 수정북로 92, 태평동락커뮤니티 301호
전화 031-754-8804 | 팩스 0303-3441-7392
전자우편 secondthesis@gmail.com
블로그 blog.naver.com/secondthesis

ISBN 979-11-90186-40-7 93340

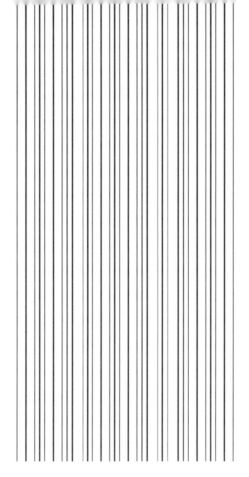

로마 가톨릭교와 정치적 형식

Römischer Katholizismus und politische Form

칼 슈미트 지음 **l** **윤인로** 옮김

차례

일러두기

1. 이 짧은 책은 다음 텍스트를 옮긴 것이다. Carl Schmitt, *Römischer Katholizismus und politische Form*(in der Reihe: Der Katholische Gedanke, Bd. 13), 2. Aufl., München: Theatiner-Verlag, 1925[초판 1923]. 더불어 Klett-Cotta의 2019년판을 참조했는데 이는 1925년판과 비교할 때 단락 구분 및 관사·하이픈 사용에서 몇몇 군데 차이가 난다. 단락 구분은 1925년판을, 하이픈 사용은 2019년판을 기준으로 삼았다.

2. 옮기는 과정에서 대조했던 선행 번역은 다음과 같다. 「ローマカトリック教会と政治形態」, 小林公 訳, 『政治神学再論』, 東京: 福村出版, 1980; *Roman Catholicism and Political Form*, translated and annotated by G. L. Ulmen, Westport, CT: Greenwood Press, 1996; *Catolicismo romano y forma política*, Traducción y notas de Pedro Madrigal, Madrid: Tecnos, 2011.

3. 원문에는 각주가 없다. 본문의 번호는 역자의 미주이다. 해당 지점의 맥락을 좀 더 구체화할 필요가 있다는 판단 아래 작성해 본 것들이지만, 독법에 따라서는 본문의 흐름을 끊는 것으로 여길 수도 있으므로 미주로 돌렸다. 본문을 먼저 읽은 다음, 필요에 따라 확인하면 되지 않을까 한다.

4. 본문에 언급되는 여러 인물들의 간략한 약력은 책 말미의 인명 소개에 모아 제시했다.

5. 영어·프랑스어·라틴어로 표기된 낱말·구절·문장은 본문의 독일어와 구분되도록 고딕체로 달리 표시했다.

6. 원문의 이탤릭체를 그대로 기울임체로 살렸고 원어와 함께 표기했다. 원문의 문장기호들 중 맞줄표와 콜론은 대부분 살렸고, 세미콜론은 살리거나 없앴다. 본문 및 미주 속의 대괄호는 역자가 삽입한 것이다.

로마 가톨릭교와 정치적 형식

안티-로마적 격정이 있다.[1] 그것은 교황신성설, 예수회
주의와 성직교권주의[2]에 맞선 투쟁에, 그러니까 종교적이
며 정치적인 에너지의 방대한 투입으로 수백 넌 동안 유
럽의 역사를 요동치게 했던 그 투쟁에 양분을 공급하였
다. 모든 세대의 광신적 종파주의[이단]자들만이 아니라
독실한 프로테스탄트 교도와 그리스 정[통]교회의 신도들
역시도, 로마 속에서 안티크리스트[거짓 메시아/敵그리스도]
를 보거나 요한계시록의 바빌로니아 여인을 보았다.[3] 그
런 이미지들은 그것의 신화적인 힘으로써 그 어떤 경제적
계산보다 더 깊고도 강력한 효력을 미쳤다. 그 여파는 오
래도록 지속되었다: 글래드스턴, 혹은 『상념과 회상』의 비
스마르크는 비밀 가득한 책모를 꾸미고 있는 예수회원들
이나 가톨릭 고위성직자들이 출현할 때면 여전히 신경과
민적인 동요를 드러냈다. 그렇지만 **바치카눔**Vaticanum[바티칸

시국; (역대) 공의회 및 그 결정들]에 맞선 모든 투쟁과 [비스마르크의] 문화 투쟁이라는, 지나치게 감정적인, 혹은 이렇게 말해도 괜찮다면 신화적이기까지 한 그런 투쟁들의 무기고란 프랑스에서 행해진 교회와 국가 간의 분리와 마찬가지로, 저 크롬웰의 마성적 격노에 비한다면 대수롭지 않은 것이었다.[4] 18세기 이후부터 관련 논증은 날이 갈수록 합리주의적인 혹은 휴머니즘적인 것이 되거나 실리주의적인 혹은 천박한 것이 되어 갔다. 단지 러시아 정교도 도스토옙스키 곁에서만, 그가 그려 놓은 대심문관Großinquisitors[최고 종교재판관] 속에서만 안티-로마적 경악은 세속적인 위대함을 띠고 다시 일으켜 세워졌을 따름이다.

하지만 로마 가톨릭교의 포착하기 어려운 정치적 권력에 대한 불안은 모든 다양한 단위들과 단계들마다 항시 지속되고 있다. 내가 곧바로 생각해 볼 수 있는 것은, 종교생활을 컨트롤하고자 하며 원칙적으로 가족을 갖길 거부하는 사람들의 지휘를 받는 엄청난 위계질서적 관리기구가 명확히 드러나 보일 때, 그같은 "교(황)권 기계[머신machine]"[5]와 마주한 앵글로색슨족 개신교 신자들이 갖게 될 온갖 반감이다. 다시 말하자면, 독신주의적 관료제. 그것은 관료제적 컨트롤에 대한 그들의 혐오와 가족의식적인 기질을 위협할 것이었다. 그럴지언정 그런 감정은 어쨌든 입 밖으로는 발설되지 않는 것이었다.

가톨릭 정치가 의회제도적이고 데모크라시[민주/다수 지배]적인 19세기의 사람들로부터 내내 되풀이하여 들었던 비난은 그것이 한없는 기회주의[임기응변주의] 이외에 다른 것이 아니라는 점이었다. 실제로도 가톨릭 정치의 탄력성은 놀랍다.[6] 그것은 서로 대치되기까지 하는 흐름들 및 그룹들에 접합되어 있었고, 사람들은 그것이 다양한 나라들의 다양한 정권들 및 당파들과 어떻게 결속되고 협정 맺었는지를 수없이 셈하였던바, 그같은 결속은 정치적 성좌에 따라 절대주의자들과 더불어 폭군방벌론자들에까지 뻗어 있었다. 가톨릭 정치는 신성동맹['나폴레옹' 이후의 유럽 질서를 위한 3국 동맹(러시아·프로이센·오스트리아)]이 유지된 1815년 이래 반동주의의 피난처이자 온갖 리버럴한 자유의 적이었던 동시에, 다른 나라들에서는 동일한 그 자유들 특히나 언론의 자유 및 학설의 자유를 격심한 반대를 무릅쓰면서 요구하기도 했다. 가톨릭 정치는 유럽 군주제[1인 지배]의 편에서 왕좌와 성찬제단[국권과 교권] 간의 연맹을 설파하는 동시에 스위스 여러 주들에서의 농민 데모크라시나 북아메리카에서의 전적으로 확신에 찬 데모크라시

편에도 서 있었다. 위대한 사람들인 몽탈랑베르, 토크빌, 라코르데르는 자신의 여러 신앙 교우들이 여전히 리버럴리즘 속에서 안티크리스트를 보거나 아니면 최소한 안티크리스트로 이어지는 개척자들을 보았을 그때, 다름 아닌 리버럴 가톨릭교를 대리하였다. 어떤 가톨릭은 다른 가톨릭에 의해 악마로 간주됐던 사회주의와 전술적인 결합을 이루고 있으며, 그렇게 볼셰비키와 함께 이미 실제적인 협상을 행하고 있는 반면, 사유재산권의 신성성을 대리하는 부르주아는 여전히 그들 볼셰비키를 법 바깥에hors la loi 서 있는 범죄자 집단으로 본다.[7] 가톨릭교의 권력, 그것 하나를 제외하고는 정치적 상황의 변동과 더불어 모든 원칙들이 변동되고 있는 것처럼 보인다. "자신의 반대자를 상대로 갖가지 자유들을 청구할 때엔 그 반대자의 이름으로 그리했던 누군가는, 반대자의 동일한 청구를 허용치 않을 때엔 자신이 지닌 가톨릭적 원칙들의 이름으로 그리한다." [가톨릭의 그런 이중성과 관련하여] 부르주아적인 사회주의적인 그리고 아나키스틱한 평화주의자들이 제시하는 다음과 같은 이미지들이란 얼마나 자주 보아 온 것들이던가: 교전 중인 모든 나라의 대포에 성호를 그어 축복을 내리는 교회 고위성직자들; 일부는 군주제주의자이고 다른 일부는 공산주의자인 "신新 가톨릭적인"[8] 문필가들; 끝으로, 다른 종류의 사회학적 인상으로부터 말하건대: 파업 중인 노동자들을 참고 견디도록 북돋우는 아일랜드 프란치스코파 수도사들과 그 곁에서 궁정 시녀들의 시중을 받고 있는 수도원장. 그런 것들과 비슷하게 모순투성이인 형상과 접속은 언제나 우리들 눈앞으로 새로이 이끌려 나온다.

그같은 다방면성[다각성(다변성)]과 다의성[모호성]의 몇몇 예들, 그러니까 이중의 얼굴[동시 출현적인Doppel- 형상], 야누스의 머리, (바이런이 로마에 관해 자신의 심중을 표현했던 것으로서의) 자웅동체[암수양성체][9] 같은 것들은 정치적인 또는 사회학적인 평행선 위에서 간단히 해명될 수 있다. 견고한 세계관을 가진 저마다의 당파는 정치적 투쟁의 작전 속에서 온갖 그룹들과의 결합을 형성할 수 있다. 이는 래디컬한[철저한/급진적인] 원칙을 가지고 있는 한, 확고한 사회주의에 대해서도 가톨릭교에 못지않게 적용되는 사실이다. 내셔널한[국가/민족적인] 운동 역시도 개별 나라들의 상황에 따라 때로는 군주제와, 때로는 데모크라시적인 공화국과 연맹을 체결했다. 세계관의 시점 아래서는 정치적인 모든 형태들과 가능성들이란 실현해야 할 이념의 단순한 도구에 지나지 않는다. 나아가 모순투성이로 여겨지는 많은 것들은 정치적 보편주의의 결과이자 부수 현상일 따름이다. 역사적 복합체이자 행정기구[장치]로서의 로마 가톨릭 교회가 로마 제국의 보편주의를 뒤이어 가고 있다는 점은 모든 측면에서의 진기한 [의견] 일치에 따라 입증되었다. 예컨대 그 특색을 드러내는 대리자로서 샤를 모라스를 꼽을 수 있을 내셔널리즘적 프랑스인, 휴스턴 스튜어트 체임벌린 같은 게르만적 인종 이론가, 막스 베버 같은 리버럴 기원의 독일 교수, 도스토옙스키 같은 범슬라브주의적 시인이자 선지자 등의 입장은 모두 가톨릭 교회와 로마제국 간의 그같은 연속성에 기반하여 구축되어 있다. 그렇게 모든 세계 제국은, 다채롭게 뒤섞인 여러 가능한 견해들에 대한 일종의 상대주의, 지역적 특색을 차별 없이 용인하는 우위성, 중추적 의미를 갖지 않는 사/물Ding들에 대한 기회주의적인 관용을 갖고 있다. 이 지점에서 두 세계 제국 로마와 영국은 넉넉히 그 유사성을 보여준다. 단순한 구호를 초과하는 모든 제국주의는 보수주의와 리버럴리즘, 전통과 진보, 심지어 군국주의와 평화주의 같은 상호 대립적인 것들을 함께 지니고 있다. 이런 사정은 버크와 워런 헤이스팅스의 대립에서부터 로이드 조지, 처칠, 커즌 경 사이의 대립에 이르기까지 영국 정치의 역사에 속하는 거의 모든 세대에 걸쳐 증명된다. 그러하되 보편주의의 특질을 지적한 것이 반드시 가톨릭교의 정치적 이념을 정의한 것은 아니다. 보편주의가 언급되어야만 했던 것은 보편적 관리 기구에 대한 불안의 감정이 내셔널하거나 로컬적인 운동들의 권리 있는 반응으로서 곧잘 설명될 수 있기 때문이다. 특히나 격심하게 중앙집권화된 로마의 시스템 속에서 상당수의 사람들은 내셔널한 애국심으로 인해 바깥으로 내몰리거나 기만당하고 있음을 체감했을 터이다. 예컨대 어느 아일랜드인 한 사람은 게일족의 민족의식적 분노를 품고서, 아일랜드는 단지 "로마식 코담배통snuff-box 속의 코담배 한 꼬집"에 불과하다고 말했다(그는 아일랜드를 두고 이렇게 말하고 싶었을 것이다: 어느 고위성직자가 코스모폴리탄 레스토랑을 위해 끓는 가마솥에 빠트려 넣은 닭 한 마리). 반면, 다른 한편에서 가톨릭 국민들—티롤·스페인·폴란드·아일랜드 사람들—은 내셔널한 저항력의 주요 부분을 가톨릭교 덕분에 유지하고 있는바, 그런 사정은 압제자들이 교회의 적이 아니었을 때에도 마찬가지이다. [벨기에] 메헬렌의 메르시에 추기경과 [독일] 트리어의 코룸 주교는 내셔널한 위엄과 자의식을 무역과 공업의 그것보다 더 웅장하고도 인상 깊게 대표했는데, 결코 교회의 적으로는 보이지 않는 겉모습으로 교회와의 동맹을 꾀하려고 하는 교회의 반대자에 맞서 그리하였다. 이같은 현상들은 보편주의의 본성에 대한 단순한 정치적 설명이나 사회학적 설명만으로는 밝혀질 수 없는 것으로, 세계사 속의 모든 세계 제국이 내셔널하거나 로컬적인 반작용을 야기했음에도 그런 보편주의와 중앙집권주의에 맞선 반작용만으로는 저 안티-로마적 격정을 설명할 수 없는 것과 마찬가지이다.

만약 얼마만큼이나 가톨릭 교회가 *상충되는 것들 간의 연접결합*complexio oppositorum[10]으로 이뤄져 있는지를 깊이 있게 온전히 파악한다면, 안티-로마적 격정은 무한히 깊어지게 되리라고 나는 생각한다. 가톨릭 교회가 포괄하지 못할 대립은 없는 듯하다. 그것은 오랫동안 모든 국가 형태와 지배 형태를 하나로 일치시켰고 추기경들의 귀족정[소수지배] 속에서 수장을 엄선하는 전제적 군주제였음을 자랑했던바, 그런 가톨릭 교회는 [오를레랑의 주교] 뒤팡루가 간명히 공식화했듯, 입장이나 출신을 고려하지 않음으로써 [이탈리아] 아브루치에 사는 마지막 양치기조차도 전제적 주권자가 될 수 있는 가능성을 가질 정도로 데모크라시적이었다. 가톨릭 교회의 역사는 놀랄 만한 적응력과 완강한 비타협성, 남성적인 저항력과 여성적인 순응력, 교만과 겸손이 서로 기이하게 뒤섞여 있는 사례들을 잘 알고 있다. 권위적 독재의 가차 없는 철학자이자 스페인의 외교관이었던 도노소 코르테스[11]와 가련한 아일랜드 인민에게 프란치스코파의 수도사적인 선량함을 베풀면서도 동시에 생디칼리스트[급진적 노동조합주의자]들과 결속되어 있던 [아일랜드인] 패드라익 피어스 같은 봉기자가 함께 독실한 가톨릭교도였다는 점은 아마도 쉽게 이해되긴 힘들 것이다. 그러나 **상충되는 것들 간의 연접결합**은 신학에선 언제나 우세한 것이었다. 구약과 신약은 서로 나란히 통용되며, 마르키온의 이것이냐-저것이냐Entweder-Oder에 대해 가톨릭 교회는 이것뿐만-아니라-저것도Sowohl-Als-Auch라고 답한다.[12] 다름 아닌 삼위일체의 교리 속에서 유대교의 유일신주의와 그 절대적 초월론은 신의 [현세]내재성에 대한 여러 기본 요소들을 덧붙일 수 있었고, [그런 초월과 내재 사이에] 관련된 갖가지 중간 매개를 생각해 볼 수 있게 됐던바, 예컨대 성인 숭배를 행하는 프랑스 무신론자와 19세기에 다신론을 재발견한 독일 형이상학자는 교회 안에서 건강한 이교(도)를 찾아냈다고 믿었기에 교회를 칭

송하였다. 일관된 논리를 지닌 아나키스틱한 국가철학 및 사회철학의 모든 교칙들을 되돌려 소급시킬 수 있는 기본 테제, 즉 "천성적인 악함"과 "천성적인 선함"[13] 간의 대립 관계란 정치 이론의 결정적인 물음으로서, 트리엔트적인 도그마 속에서는 결코 간단히 예 또는 아니오Ja oder Nein로 답해질 수 없는 것인바,[14] 정확히 말해 그 도그마란 자연적 인간의 완전한 타락이라는 프로테스탄트적인 교리와는 달리 인간 본성의 상처·약화·혼탁에 대해서만 이야기하므로 그것의 적용에 있어선 여러 단위들과 적응력이 허용될 수 있는 것이기 때문이다. 대립 관계의 결속은 인간적인 모티프와 표상들의 사회적-심리학적 뿌리로까지 뻗어간다. 교황은 아버지의 이름을 가지며 교회는 신자들의 어머니이자 그리스도의 약혼녀인바――이는 부권적인 것과 모권적인 것의 경이로운 결합으로서, 아버지를 향한 존경과 어머니에 대한 사랑이라는 가장 단순한 복합형을, 그런 본능의 두 흐름을 로마로 향해질 수 있게 한다――어머니에 맞선 봉기라는 게 있을 수 있겠는가? 끝으로, 가장 의미심장한 것: 가톨릭 교회의 그같은 무한한 모호성이란 다른 한편에서 가장 적확한 도그마티즘[교리독단] 및 결정을 향한 의지와 결속됨으로써 다름 아닌 교황의 무오류성[오류 없는 결정][15]이라는 교리 안에서 정점에 이르게 된다는 것.

가톨릭교의 정치적 이념으로부터 살펴볼 때, 로마-가톨릭이라는 상충되는 것들 간의 연접결합이 지닌 본질이란 이제껏 그 어떤 제국도 알지 못한 인간적 삶[생명]의 질료[물질성]에 관계된 독특한 형식적 우월성에 자리해 있다. 그 지점에서 역사적이며 사회적인 실제성의 실질적인 형체가 성취되었던바, 가톨릭교는 그런 형식적 성격을 띠고 있음에도 구체적인 현존으로서, 즉 넘치도록 생동하며 실로 지극히 이성적인 현존으로서 지속되었다. 로마 가톨릭교의 그같은 형식적 고유함은 대표의 원칙Prinzips der Repräsentation의 엄정한 시행에 의거해 있다. 그런 원칙의 특이성은 오늘날 지배적인 경제적-기술적 사고ökonomisch-technischen Denken와 대립될 때 매우 명확해질 것이다. 그러나 그 점에 관해 말하기 전에 그릇된 견해 하나를 먼저 물리쳐야 한다.

다른 많은 것들을 통해서도 그렇게 하듯이 가톨릭을 통해서도 낭만주의 또는 헤겔리안적인 형제애를 추구하는 정신의 문란한 잡혼[난교] 상태가 이어지고 있는바, 누군가는 그같은 종합들의 한 부분으로서 가톨릭적 복합체

를 조립해내고는 그것으로 자신이 가톨릭의 본질을 구성
해냈다고 성급하게 믿어 버릴 수도 있다. 칸트 이후의 사
변철학적 형이상학자들은 유기적이며 역사적인 삶을 영
원한 안티테제들·진테제들[종합들] 속에서 벌어지는 과정
으로 파악함에 있어 막힘없이 익숙했었다. 그 과정 안에
서의 역할은 할당하는 자의 뜻대로 될 수 있다. 괴레스가
남성적 원칙으로서의 가톨릭교와 여성적 원칙으로서의
개신교를 할당해 내세웠을 때, 그는 가톨릭교를 단순한
안티테제적 관절 마디로 삼은 것이며 가톨릭교와 개신교
의 종합을 "더 상위의 제3자"[16] 속에서 보았다. 거꾸로 여
성적인 것으로서의 가톨릭교와 남성적인 것으로서의 개
신교로도 할당될 수 있다는 점 역시 자명하다. 또한 사변
적 구성자들이 때에 따라 가톨릭교를 "더 상위의 제3자"
로 간주했다는 점 역시도 생각할 수 있다. 가톨릭 신자가
된 낭만주의자는 그 점에 특히 더 인접해 있는데, 물론 그
들 역시도 가톨릭교의 눈에 보이는 형식의 도식적 겉모
습과 개신교의 눈에 보이지 않는 내면성으로부터 "유기
적인" 더 상위의 것을 만들어내기 위해서라면 예수회와
스콜라 철학에서 풀려나야 한다는 가르침을 쉽사리 내다
버리진 않는다. 그러나 그 가르침은 전형적으로 그릇된

견해에 근거해 있다. 그럼에도 그같은 구성은 창공에 걸린 판타지 이상의 것이다. 그것은 심지어—전혀 그럴 리가 없을 것처럼 들릴지라도—가장 높은 수준에서 시대에 걸맞은 것인데, 왜냐하면 그들의 정신 구조가 [현]실제성에 상응하고 있기 때문이다. 그들의 출발점은 그들에게 주어진 사실적인 균열과 분기이며, 종합이 필요한 안티테제이고, 또는 "영점[(차이의 인식이 일어나지 않는) 무작용점]"을 가진 양극[17]이며, 어떤 입장에 도달하기 위해 스스로를 거듭 번갈아 부정하는 일 말고는 다른 길이 없는 문제적인 찢김과 심오한 미결정성이다. 래디컬한 이원론은 이 현재적 시대의 모든 영역에 걸쳐 실제로 지배적인바, 그 점은 여기서의 논의가 펼쳐지는 동안 여러 형체들 속에서 자주 언급되어야 할 것이다. 그런 이원론의 일반적 토대는 오늘날 기술과 공업에 의해 변화된 지구에서 실현되고 있는 자연 개념이다. 오늘날 자연은 돌, 철, 크리스털 유리로 이뤄진 엄청나게 큰 입체파와도 같이 대지에 터 잡은 거대 도시의 기계적 세계와 대립하는 하나의 극점으로 드러난다. 그런 기술의 왕국에 맞선 안티테제는 문명화의 손길이 닿지 않은 야성적이고 야만적인 자연, 즉 "인간이 고통을 안고서는 갈 수 없는"[18] 보존구역이다. 합리주의적인-두

루 기술화된rationalistisch-durchtechnisierte 인간 노동의 세계와 낭만적인-전혀 건드려지지 않은romantisch-unberührte 자연 간의 그러한 분열은 로마-가톨릭적인 자연 개념의 관점에선 전적으로 낯선 것이다. 가톨릭 인민이 땅과 맺는 관계는 프로테스탄트 인민과는 다른 듯한데, 프로테스탄트와는 반대로 가톨릭 인민은 거대 산업을 모르는 농민이기 때문일 것이다. 어쨌든 일반적으로 그러한 사실이 있다. 가톨릭에는 왜 이민자가 없는가, 적어도 위그노나 청교도 같은 유형의 대규모 이민이 가톨릭에 없는 이유는 무엇인가. 아일랜드인, 폴란드인, 이탈리아인, 크로아티아인 같은 가톨릭 이주자는 얼마든지 있었는데, 대체로 가톨릭 인민이 프로테스탄트 인민보다 더 가난했으므로 이주자의 대부분은 가톨릭 신자였을 것이다. 곤핍, 궁지와 박해가 가톨릭 이주자를 내몰았지만, 그들은 고국을 향한 그리움을 잊지 않았다. 그렇게 추방된 이주자들과 비교할 때 위그노와 청교도는 그 어떤 토지에서도 삶이 영위될 수 있게 하는, 인간이 아닐 정도의 위대한 능력과 자존심을 가졌다. 그러나 그들을 두고 모든 토지에 뿌리를 박고 있다고 말하는 것은 적절치 않은 이미지가 될 터이다. 그들은 어디서나 산업을 건설할 수 있고, 그 어떤 토지도 그들 자신의 직업적인 일Berufsarbeit[소명에 따른 일]과 "현세적 금욕주의innerweltlichen Askese[세계 내적인 금욕]"[19]가 수행되는 장으로 만들 수 있으며, 그리하여 최종적으로는 어디서나 쾌적한 집을 가질 수 있는 바, 이 모든 것들은 자연의 주인으로 거동하고 자연을 정복함으로써 행해진다. 그들 주인의 지배 양식은 로마-가톨릭의 자연 개념과는 가까워질 수 없는 것으로 남아 있다. 로마-가톨릭 인민은 땅을, 어머니적인mütterliche[모계/모태의] 대지를 다르게 사랑하는 듯한데, 그들 모두가 자신의 "테라[땅·흙·지구]주의terrisme"[20]를 가지고 있는 것처럼 보이기 때문이다. 그들에게 자연이란 예술과 인간 작업 간의, 이해력과 감정·마음 간의 대립을 뜻하는 게 아니라 인간적인 노동과 유기체적인 성장 간의, 자연과 라티오[이성/분별력] 간의 일치를 뜻한다. 포도 재배는 그런 합일의 가장 아름다운 상징이며, 그같은 정신을 따라 건설된 도회지들 역시도 주변 풍경과 잘 어울리면서도 대지에 충실한 것으로서, 그렇게 토지로부터 자연적으로 생장한 산물로서 모습을 드러낸다. 그들이 지닌 본질적인 "도시"의 개념 속에는 현대 산업도시의 정밀 메커니즘과는 영원히 가까워질 수 없는 휴머니티가 담겨 있다. 트리엔트의 도그마가 자연과 은총 간의 프로테스탄트적인 파열을 알지 못하는 것처럼, 로마 가톨릭교는 자연과 정신, 자연과 이해력, 자연과 예술, 자연과 기계 같은 모든 이원론과 그 사이에서 변화하는 파토스를 알지 못한다. 텅 빈 형식과 형체 없는 질료의 대립을 비롯해 그런 식의 안티테제들의 진테제 역시도 가톨릭 교회와는 먼 거리에 놓여 있는바, 가톨릭 교회란 결코 독일의 자연철학과 역사철학이 말하는 "더 상위의 제3자"(좌우간 언제나 부재중인 것)가 아니며 그것과는 다른 무엇이다. 안티테제들의 자포자기도, 진테제의 환상적 교만도 가톨릭 교회에는 알맞지 않다.

그런 까닭에 자신의 교회를 기계장치적 시대에 맞선 대립적 극점으로 만들려는 시도는 가톨릭 신자에게는 틀림없이 수상한 찬사로 보일 것이다. 자신의 가장 억센 감정 중 하나 속에서 프로테스탄트는 로마 가톨릭교가 종교를 영혼 없는 형식규정으로 기계화함으로써 기독교의 변질과 악용을 초래하고 있음을 인지하지만, 이와 정확히 동일한 정도로 그들 개신교도는 합리주의적이며 기계장치적인 시대의 영혼 없음으로부터 구조되기 위해 낭만주의적 도주를 행하여 다름 아닌 가톨릭 교회로 되돌아가고 있기도 한바, 이는 두드러진 모순이며, 다시금 기묘하게 상충되는 것들 간의 연접결합을 가리키고 있다. 그렇게 영혼 없음의 상태에 맞선 충만한 영혼의 극점이 되게끔 스스로를 허용했다면 교회는 필시 자기 자신을 망각해 버리고 말았을 터이다. 그럴 때 교회는 자본주의의 바람직한 보충물, 그러니까 경쟁적 투쟁의 고통에 관계된 위생학 연구소, 대도시 주민들의 일요일 나들이 장소나 여름 휴양지가 될 것이었다. 교회의 치료 작용이란 자연스레 절로 있는 것이지만, 그것이 교회라는 제도의 본질이라고는 할 수 없다. 다른 많은 것들에 대해서도 그렇게 하듯이 루소주의와 낭만주의는 가톨릭교를—웅대한 폐허나 의심의 여지없는 진짜 골동품처럼—즐길 수가 있으며 "1789년에 취득된 성과들의 안락의자 위에서" 가톨릭교라는 사물을 상대주의적 부르주아지의 소비재로 만들 수도 있다.[21] 많은 신자들, 특히 독일 가톨릭 신자들은 가톨릭교가 예술사가들에 의해 발견된 일을 자랑으로 여기는 것처럼 보인다. 그런 자랑의 지엽적인 기쁨이 그 자체로 언급될 필요가 있게 된 것은 오리지널하고 아이디어가 풍부한 정치사상가 조르주 소렐이 가톨릭 사상의 위기를 교회와 비합리주의 간의 새로운 결속에서 찾았기 때문이다. 그의 의견에 따르면, 18세기까지 교회 변증론[변호론/호교론]

의 논증에서는 신앙을 합리적으로 증명하고자 했지만 19세기부터 교회를 위해 도움이 됐던 것은 다름 아닌 비합리주의적 흐름들이었음을 알 수 있다. 실제로 계몽주의와 합리주의에 대항했던 19세기의 온갖 가능한 종류의 반대가 가톨릭교를 새로이 소생시켰다. 전통주의적인, 신비주의적이며 낭만주의적인 경향이 많은 개종자들을 낳았다. 내가 평가할 수 있는 한에서 덧붙이자면, 오늘날 가톨릭 신자들 사이에서는 옛 유서 깊은 변증론에 대한 불만이 지배적이며, 그 가운데 상당수는 그것을 허상적인 논증이자 텅 빈 도식으로 여긴다. 그러나 그 모든 것들은 본질적인 정곡을 찌르지 못하는바, 왜냐하면 그것들이 합리주의와 자연과학적 사고를 동일시하기 때문이며, 가톨릭적인 논증이 사회적 인간의 삶에 관한 규범적인 운영에 관심을 가지고 그것을 독특한 법적 논리와 더불어 증명하는 특별한 사고방식에 기초해 있다는 점을 놓치고 있기 때문이다.

우리는 오늘날 거의 모든 대화에서 자연과학적-기술적 방법이 사고를 얼마나 깊숙이 지배하고 있는지 관찰할 수 있는데, 예컨대 관습적으로 행해진 신 존재증명에서처럼 왕이 국가를 다스리듯 세계를 다스리는 신은, 오늘날에는 무의식적으로 우주론적인 기계를 움직이는 모터[전체적 질서를 낳는 기계의 모터]로 만들어진 것이 된다. 현대 대도시 거주민들은 자신의 판타지를 마지막 원자에 이르기까지 기술적이고 산업적인 표상들로 가득 채우고 있으며 우주론적인 것 또는 형이상학적인 것으로 투사하고 있다. 이제 세계는 이 순박한 기계장치적이고도 수학적인 신화학에 이바지하는 거대한 동력발전기가 된다. 거기에는 계급의 구별도 없다. 현대 산업적 경영자의 세계상과 산업 프롤레타리아들의 세계상은 마치 쌍둥이 형제처럼 서로 닮아 있다. 그렇기에 그들은 경제적 사고를 위한 공통의 투쟁에서 서로를 잘 알아듣는다. 사회주의는 대도시 산업 프롤레타리아들의 종교가 되는 한에서, 자본주의적 세계의 광대한 메커니즘에 믿기 어려울 정도의 안티[逆]-메커니즘을 맞세우는바, 계급의식적인 프롤레타리아트는 스스로를 그런 안티적 기구의 정당한, 즉 말하자면 실정에 들어맞는 주인으로 간주하는 반면, 자본주의적 경영자들의 사적 소유제를 두고서는 실정에 어긋나는 것으로, 기술적으로 낙후된 시대의 잔재로 간주한다. 위대한 경영자는 레닌의 이상, 즉 "전력이 공급되는 지구"[22] 이외의 다른 이상을 갖고 있지 않다. 양쪽 모두 실제로는 전력공급의 방법에 대해 누가 옳은지를 두고서만 다투고 있다. 미국의 금융가들과 러시아의 볼셰비키가 서로 힘을 모으는 것은 경제적 사고를 위한 투쟁, 그러니까 정치가들과 법률가들에 맞선 투쟁에서이다. 조르주 소렐조차도 그같은 협동조합 연맹에 속해 있는바, 바로 거기, 그 경제적 사고 속에 그것과 근본적으로 대립되는 가톨릭교의 정치적 이념이 자리해 있다. 왜냐하면 가톨릭교의 정치적 이념은 경제적 사고가 객관성과 성실성과 합리성으로 여기는 모든 것들에 대해 이의를 제기하기 때문이다. 로마 교회의 합리주의는 심리학적이고 사회학적인 인간 본성을 도덕적으로 파악하는 것이지 산업이나 기술 같이 물질의 조작과 실용화에 관여하는 것이 아니다. 교회는 교회만의 특별한 합리성을 갖는다. 르낭의 말은 널리 알려져 있다: **로마의 모든 승리는 이성의 승리이다**Toute victoire de Rome est une victoire de la raison.[23] 그렇게 교회는 종파적 광신주의에 대한 투쟁에서 언제나 건강한 상식의 편에 섰으며 [피에르] 뒤엠이 잘 보여주었듯이 중세 시대 전체에 걸쳐 미신과 마법을 미연에 억제했던 것이다. 막스 베버조차도 로마의 합리주의가 가톨릭 교회 속에서 살아 계승되고 있었다고, 디오니소스적 도취의 숭배 제의들과 황홀경과 명상 속으로의 침잠을 훌

룽히 이겨 낼 수 있는 길을 교회가 알고 있었다고 확언한
다.[24] 그런 합리주의란 제도적 층위에 있고 본질적으로 법
적인 것이며, 그것의 위대한 성과는 성직자 직분을 정돈된
직위[공무적 위계 서열]로 만들었다는 점, 그것도 특별한 방식
으로 그렇게 했다는 점이다. 교황은 예언자가 아니라 그
리스도의 대리자Stellvertreter[대행자/대임자]이다. 그렇게 갖춰
진 형식은 고삐 풀린 예언자의 본성 속에 있는 광신적 야
생성 일체를 멀리한다. 그렇게 정돈된 직위는 카리스마[25]
에 예속당하지 않게끔 만들어진 것이므로 성직자는 그
의 구체적 인격에서 완전히 추상화된 것처럼 보이는 [다
른] 위엄을 보존할 수 있게 된다. 사정이 그러함에도 그 성
직자는 공화주의 사상가의 직무 담당자나 위원이 아니며
그 위엄은 현대 공무원의 그것처럼 비인격적인 것이 아닌
바, 그 정돈된 직위는 끊어지지 않는 사슬의 연쇄 속에서
그리스도의 인격 및 인격적 위임의 상태로 거슬러 올라
갈 수 있게 되는 것이다. 이는 아마도 상충되는 것들 간의 연
접결합을 보여주는 가장 놀라운 예일 것이다. 그같은 구별
[(구별된) 위엄] 속에 가톨릭교의 이성적 창조력과 더불어 가
톨릭교의 휴머니티가 자리해 있다. 가톨릭교의 그것들은
인간-정신에 남아 있는 것으로서, 인간 영혼의 비이성적

인 어둠을 빛 속으로 억지로 끌어내는 게 아니라 그것에 하나의 방향을 부여해 준다. 가톨릭교의 그것들은 경제적-기술적 합리주의처럼 물질의 조종[조작]을 위한 레시피를 알려 주는 게 아니다.

가톨릭의 합리주의는 경제적 합리주의와는 아득히 먼 거리에 있기 때문에 독특한 가톨릭적 불안이라는 것이 산출될 수 있다. 현대의 기술은 단지 모종의 욕구들에 따라 스스로를 하인으로 만든다. 현대의 경제 속에서 지극히 합리화된 생산은 완전히 비합리적인 소비와 상응하게 된다. 경이롭고 합리적인 메커니즘은 어찌해서든 수요를 받들어 섬기는데, 그것이 실크 블라우스든 독가스든 그 밖의 다른 무엇이든 언제나 한결같은 진지함과 한결같은 정밀함을 가지고 그렇게 한다. 경제적 사고의 합리주의는 특정한 욕구들을 계측하고 "만족"시키는 일에 주의를 기울이는 데만 익숙해져 있다. 그것은 현대의 대도시 속에 모든 것들이 계산 가능한 거대 건축물을 지었다. 이 동요하지 않는 객관성의[물(질)적인] 시스템은 독실한 가톨릭 신자들을 소름끼치게 하는데, 그런 일은 정확히 말하자면 가톨릭의 합리성 때문에 일어난다. 오늘날 여전히 안티크리스트의 형상을 살아 생동하는 것으로 여기는 사람들은 아마도 가톨릭 신자들 쪽에 더 많을 것이라고 할 수 있는바, 소렐이 그런 "신화"의 역량 속에서 생명력의 증거를 목격하면서도 가톨릭 신자들을 두고 더 이상 종말론을 믿지 않으며 최후의 심판 역시 기다리지 않는 사람들이라고 주장하는 것은 가톨릭교를 부당하게 취급하는 일이다. 설령 [조제프] 드 메스트르가 **상트페테르부르크의 저녁**[26]에서 소렐을 앞질러 러시아 상원의원으로 하여금 비슷한 주장을 하게 했을지라도, 그것은 실제로 부적절한 일이었다. 도노소 코르테스 같은 스페인 사람, 루이 뵈요와 레옹 블루아 같은 프랑스 가톨릭 신자, 로버트 휴 벤슨 같은 영국 개종자에게 최후의 심판에 대한 기대란 로마에서 안티크리스트를 보았던 16·17세기 프로테스탄트와 마찬가지로 매개 없이 직접적인 것으로서 살아 생동하고 있다. 그러하되 유의해야 할 것은 가톨릭적인 감각 속에 널리 퍼진 그같은 전율과 경악을 야기하는 것이 다름 아닌 현대의 경제적-기술적 기구라는 점이다. 가톨릭의 참된 불안은 합리적인 것의 개념이 판타지적인 방식으로 뒤틀리게 됨을 인지하는 가톨릭적 감정에서 생겨나는바, 그런 판타지란 임의의 물질적 욕구들의 만족이라는 목적을 섬기고 있는 생산 메커니즘을 일컬어 "합리적"이라고 부르는 것,

고도로 합리적인 메커니즘을 처분하는 그런 목적의 본질적 합리성에 대해 심문 한번 하지 않고 그렇게 부르는 것이다. 경제적 사고는 그런 가톨릭적 불안을 전혀 감지할수 없으며, 기술 수단을 제공할 수만 있다면 그 무엇과도 합의한다. 그것은 안티-로마적 격정이나 안티크리스트 및 묵시록에 대해 아무것도 알지 못한다. 그런 경제적 사고의 관점에서 교회는 이상한 현상이지만 여타 다른 "비이성적인" 사/물들보다 더 이상한 것으로 여겨지지는 않는다. 그렇게 종교적 욕구들을 지닌 사람들이 있는바, 그 점이야 무방한 것이되, 문제가 되는 것은 그런 종교적 욕구들을 실제로 만족시키는 일이다. 그런 만족은 마찬가지로 섬겨지는 온갖 무의미한 유행의 변화보다 더 비합리적으로 보이는 것은 아니다. 가톨릭의 모든 성찬제단들 앞에 걸린 영원한 램프들이 도시의 극장과 댄스홀에 전력을 보급하는 발전소로부터 동일하게 전력을 공급받게 된다면, 가톨릭교 역시도 경제적 사고에 대해 감정상으로는 납득할 수 있게 될 것인바, 그같은 사정은 자명한 것이 된다.

경제적 사고는 사/물들에 입각해 있는 절대적으로 객관적인[물(질)적인] 것이라는 점에서 그 자체의 리얼리티와 성실성을 갖는다. 이 점에서 본다면 정치적인 것이란 자신을 위해 경제적 가치 이외에 다른 것을 불러내야 하기 때문에 객관적이지 않은 것이다. 그러나 가톨릭교는 그러한 절대적인 경제적 객관성과는 구별되는 특출한 의미에서 정치적이다. 여기서 정치적이란 정치적인 삶의 개별적·외형적 계기들을 격리시켜 단순한 기술로 만들어내는 마키아벨리즘에서의 정치 개념, 그 개념이 지향하는 사회적·국제적 권력 요소들의 가공과 조작을 뜻하는 것이 아니다. 정치 역학은 그 자체의 고유한 법칙을 갖는데, 정치에 연루됨으로써 갖게 되는 다른 모든 역사적인 위대함과 마찬가지로 가톨릭교 역시도 그같은 법칙에 의해 파악된다. 16세기 이후, 교회의 "기구"가 경직됐다는 점, (낭만주의에 맞서 혹은 어쩌면 그것을 무해한 것으로 만들기위해) 중세 시대보다 더 중앙집권화된 관료제와 조직 구성을 갖게 됐다는 점, 사회학적 의미에서의 "예수회주의"의 특질을 띠게 됐다는 점, 이 모든 것들은 프로테스탄트에 맞선 투쟁만이 아니라 기계주의 시대에 맞선 반작용을 통해 설명될 수 있다. 절대군주와 "중상주의"는 현대 경제적 사고방식의 선구이고 독재와 아나키 사이 어딘가에 위치해 있는 영점 위의 정치적 상태에 대한 길잡이이다. 17세기 자연에 대한 기계장치론의 관점과 더불어 국가적 권력 기구가 발전하고 사회적인 관계에 대해 자주 서술됐던 "객관화[물상화]"가 전개되는데, 그런 환경 속에서 철갑옷 같은 교회의 조직 구성은 더욱 견고해졌으며 또 경직되었다. 이것 자체가 정치적 [허]약함이나 노화의 증거는 아닌 바, 문제는 오직 그런 사정 속에서도 이념이 살아 있는지의 여부다. 권력 유지의 단순한 기술만으로는 그 어떤 정치 시스템도 한 세대조차 살아남을 수 없다. 권위 없는 정치는 없고 신념의 에토스[품성/윤리] 없는 권위는 없으므로, 이념은 정치적인 것에 속한다.

경제적인 것보다 한층 더한 것에 대한 요구로 인해 정치적인 것이 생산과 소비의 범주 이외의 것을 소환해야 할 필요성이 생겨난다. 다시 말하지만 자본주의적 경영자와 사회주의적 프롤레타리아가 한마음으로 단결하여 정치적인 것의 요구를 오만한 것으로 간주하고 경제적 사고 속에서 정치가의 지배를 "객관적이지 않은 것"으로 느끼는 것은 기이한 일이다. 하지만 일관된 정치적 관점에서 보자면 그런 사정은 단지 특정한 사회적 권력 집단들——힘 있는 사적 경영자 또는 특정 사업장 및 산업 부문들의 조직화된 노동자들——이 국가권력을 장악하기 위해 생산 과정에서의 지위를 이용하고 있음을 뜻할 따름이다. 그들이 정치가와 정치에 반대하여 등을 돌린다는 것은 여전히 그들의 앞길을 가로막고 서 있는 눈앞의 구체적 정치권력에 대해 그렇게 한다는 뜻이다. 그들이 그런 정치권력을 옆으로 제쳐 두는 일에 성공하게 되면, 경제적 사고와 정치적 사고 간의 대립 관계를 구축하는 일도 흥미를 잃게 될 것이며, 경제적 기반 위에 새로이 확립된 권력으로부터 새로운 종류의 정치가 생겨날 것이다. 그럼에도 그들이 행하는 일이란 정치이며, 그렇다는 것은 거기서도 독특한 종류의 타당성과 권위가 요구된다는 점을 의미한다. 그들은 공공의 안전salut public[공공적 구원][27] 같은 사회적 필수 불가결성에 의거하게 되며, 그럼으로써 이미 이념에 근접해 있게 된다. 중대한 사회적 대립은 경제적으로 해결될 수 없다. 경영자가 노동자에게 다음과 같이 말할 때: "내가 너희를 먹여 살리고 있다", 노동자는 반대로 답한다: "우리가 너희를 먹여 살리고 있다." 이런 사정은 생산과 소비를 둘러싼 싸움이 아니라 전혀 경제적인 것이 아닌 다른 것, 도덕적인 또는 법적인 신념의 다양한 파토스로부터 생겨나는 것이다. 이는 현대의 부富와 관련해 누가 그것의 본래적 생산자이며 창조자인지, 결과적으로 누가 그것의 주인인지에 대한 도덕적인 또는 법적인 [행위]책임과 관계된다. 생산이 남김없이 익명화되자마자, 주식회사 및 기타 "법적인" 인격[법인]을 덮어 가린 베일로 인해 구체적 인간의 책임을 물을 수 없게 되자마자,[28] 아무것도-아닌-자본가Nichts-als-Kapitalisten의 사적 소유제는 설명할 수 없는 장식물[부록] 같은 것이 되어 뒷전으로 밀려나야 한다. 이런 일은 일어날 터인 바, 오늘날 자기 개인의 인격적인 필수불가결성에 관한 권리주장을 통해 스스로를 관철시킬 줄 아는 경영자가 없지 않고 여전히 있음에도 그러할 것이다.

경영자와 노동자라는 두 파벌이 경제적으로 사고하는 한에서 가톨릭교는 어디서도 주목받지 못할 것이다. 교회가 토지를 소유하거나 여러 "지분"을 가질 때 그 권력이란 경제적 수단에 의거한 것이 아니다. 그런 것들은 원료들과 판매망에 대해 대규모 산업이 갖는 흥미에 비하면 무해하며 목가적이다. 어쩌면 대지로부터 솟아나는 유정을 소유하는 것이 세계 지배를 둘러싼 투쟁을 결정할 수 있을는지도 모르겠지만, 그리스도의 섭정자Statthalter Christi,[29] 땅 위에 있는 그는 그런 투쟁에 관여하지 않는다. 교황은 교회국가Kirchenstaates[로마 교황령(=바티칸 시국)]의 주권자임을 고수하는바, 세계 경제와 제국주의의 거대한 야단법석[수다]에 대해 교황의 그런 고수가 의미하는 것은 무엇인가?

가톨릭교의 정치적 권력은 경제적인 권력 수단에도 군사적인 권력 수단에도 의거하지 않는다. 그것들에 예속되지 않는 교회는 완전한 순수성 속에서 다름 아닌 권위의 파토스를 갖는다. 교회 역시도 "법적인 인격"이지만 주식회사와는 다르다. 주식회사는 생산 시대의 전형적인 산물로서 하나의 회계 양식이지만, 교회는 구체적 인격성에 대한 구체적이고 인격적인 대표이다. 교회가 법적 정신의 가장 웅장한 스타일을 가진 버팀목이자 로마 법학의 진실한 상속인이라는 점은 교회를 아는 모든 이들이 인정한다. 교회의 사회학적인 비밀들 가운데 하나는 교회가 법적 형식을 향한 역량을 가졌다는 점이다. 그러하되 교회가 모든 형식에 관한 힘을 가질 수 있는 것은 교회가 대표를 위한 힘을 가졌기 때문이다. 그것은 치비타스 우마나civitas humana[시민공동체적 인간/휴머니티]를 대표하고, 그리스도의 성육신과 십자가 희생에 이어지는 역사적 연결의 모든 순간을 붙잡으며, 역사적 현실성 안에서 인간이 된 신으로서의 그리스도 자신을 인격적으로 대표한다. 그런 대표 속에 경제적-기술적 사고의 시대를 넘어서는 교회의 우월성이 자리해 있다. 현시점에서의 교회는, 대표의 [형]상들—교황, 황제, 수도사, 기사, 상인—을 조성하기 위한 중세

의 역량과 관련하여 일찍이 어느 학자가 나열했던 최종적
인 4개의 기둥들(영국 상원, 프로이센 참모부, 아카데미 프랑
세즈, 바티칸) 가운데 정확히 마지막으로 남은 고독한 범례
인바, 교회는 단지 외양적인 형태만을 보는 사람에 의해
오로지 대표만을 대표한다는 경구적인 비꼼으로 조롱당
할 만큼 고독한 것이었다. 18세기에는 "입법자Législateur" 같
은 고전적인 형상들이 여럿 있었고, 19세기의 비생산성을
상기한다면 심지어 이성의 여신조차도 대표로서 그 모습
을 드러낸다. 대표의 능력이 어느 정도로 끝장나고 있는
지를 확인하고자 한다면 가톨릭 교회에 반대하여 그것을
가로막아 선 것, 그러니까 현대 과학정신으로 형성된 경
쟁 기업체 하나를 상기하는 것으로 족하다: 오귀스트 콩
트는 "실증주의적인" 교회의 기초를 닦고자 했다. 그의 노
력으로 생겨난 것은 곤혹스러운 모조품의 느낌을 준다.
그럼에도 그 사람의 고결한 신조에는 찬탄을 금할 수 없
으며 그 모조품마저도 다른 유사한 시도에 비하면 여전
히 훌륭하다. 이 위대한 사회학자는 중세 시대의 대표 유
형들을 인식했고, 그 가운데 교권성직자 및 기사를 현대
사회에서의 대표 유형들인 학자 및 산업상인과 비교했다.
그러나 현대의 학자와 상인을 대표의 유형들로 본 것은

오류다. 학자는 단지 과도기 속에서만, 교회와의 투쟁이 벌어지던 시기 속에서만 대표였고, 상인은 단지 청교도적인 개인주의자로서만 정신적 거물일 수 있었다. 현대 경제생활의 기계가 가동된 이래 학자와 상인은 거대한 기계의 작동을 거드는 시종이 되었고 그렇기에 그들이 실제로 무엇을 대표하는지는 말하기 어렵다. 더 이상 신분제란 없다. 18세기 프랑스 부르주아지, 곧 제3신분은 스스로를 "국민[국가/민족]"으로 선언했다. "제3신분, 그것은 국민이다le tiers Etat c'est la Nation"[30]라는 유명한 말은 사람들이 예감했던 것보다 더 깊이 혁명적이었는데, 왜냐하면 하나의 신분을 국민과 동일시함으로써, 여러 신분들이 필요하다는 요구에 담긴 신분의 이념을 사회질서를 위해 제거하였기 때문이다. 그런 까닭에 부르주아 사회는 더 이상 뭔가를 대표할 수 있는 역량이 없으며 이 시대 어디서나 되풀이되고 있는 일반적인 이원론의 운명에 빠지는바, 그렇게 그것은 자신의 양극성을 펼쳐 보인다: 한쪽 편에는 부르주아, 다른 한쪽 편에는 기껏해야 자기 말고는 그 무엇도 대표하지 못하는 보헤미안[유랑적인/자유분방한 자]. 이에 대한 일관된 회답이 프롤레타리아트의 계급 개념이다. 그것은 생산과정에서의 배치에 따라 사회를 물[질]적으로 분류하여 떼를 짓게 하며, 그렇기에 그것은 경제적 사고에 상응한다. 이로써 계급 개념은 모든 대표의 포기[방기/유기]가 자신의 정신 양태에 속해 있음을 증명한다. 그 속에서 학자와 상인은 납품 공급자 혹은 관리직 노동자가 된다. 상인은 자신의 사무실에 앉아 있고 학자는 자신의 응접실이나 실험실에 앉아 있다. 진정으로 현대적이라면 그 둘 모두는 자신의 영업에 봉사한다. 둘 모두는 익명이다. 그들에게 무언가를 대표하라고 요구하는 일은 무의미하다. 그들은 사적인 개인[연금생활자] 아니면 중심인물[요인]이지 대표자는 아니다.

경제적 사고는 오직 저 기술적 정밀성이라는 한 가지 부류의 형식만을 알고 있으며 그 형식은 대표의 이념과는 아득히 멀리 떨어져 있는 것이다. 기술적인 것과의 결속 안에 있는 경제적인 것—그 둘 간의 내적인 상이함은 조금 뒤에 언급될 것이다—은 사/물들의 실재 현존을 요구한다. 이에 상응하는 것은 "반영", "발산" 또는 "반사" 같은 표상이며, 그것들은 물질적 연결 혹은 동일한 물질의 상이한 응집 상태 같은 말로 달리 표시될 수 있다. 그런 형상들과 더불어 사람들은 이념을 명료하게 만들고 이념이 그것의 구체적 실재성과 한 몸이 될 수 있게 한다. 예컨대 유명한 "경제적" 역사관에 따르자면 정치적이고 종교적인 견해들은 생산관계의 "반영"인데—이 교리를 자기 나름으로 적절히 취급할 수 있는 누군가에게—그것은 경제적 생산자 위에 "지식인"이 서 있어야 한다는 사회적 위계 이외에 다른 걸 뜻하지 않는다; 그리고 심리학적 논의들에서 사람들은 "투사" 같은 단어를 즐거이 듣는다. 투사, 반영, 반사, 발산, 전이 같은 메타포들은 "내재적인" 물[질]적 기반을 찾는다. 반대로 대표의 이념은 인격적 권위의 사유에 의해 매우 강하게 지배받는 것이므로 대표자는 물론이고 대표되는 자 역시도 인격적 위엄을 견지해야만 한다. 그것은 물적인 개념이 아니다. 오직 인격만이 탁월한 의미에서 대표할 수 있는바, 대표란 더 정확히 말하자면—간소화된 "대리"와는 구별되는—권위를 지닌 인격, 또는 대표되자마자 똑같이 인격화되는 이념 자체라고 할 수 있다. 신, 또는 데모크라시적인 이데올로기에서의 인민, 또는 자유와 평등 같은 추상적 이념은 있을 수 있는 대표의 내용이지 생산과 소비의 내용이 아니다. 대표는 대표자의 인격에 자기 고유의 위엄을 부여하는데, 왜냐하면 지고한 가치를 대표하는 자가 무가치할 수는 없기 때문이다. 그러나 대표자와 대표되는 자만이 아니라 그들이 등을 돌리는[(뜻대로) 다루고자 하는] 제3자 또는 수취인 역시도 가치를 요구한다. 누군가가 자동장치와 기계를 앞에 두고 대표할 수 없는 것은 그것들이 몸소 대표하거나 대표될 수 없는 것과 마찬가지인바, 국가가 리바이어던[31]이 될 때 그것은 대표의 세계에서 소멸한다. 그 세계는 가치의 위계질서와 휴머니티를 갖는 것[이기 때문]이다. 대표의 세계 속에는 가톨릭교의 정치적 이념과 그 3중으로 된 위대한 형식의 힘이 살아 있다: 예술에서의 미학적 형식ästhetischen Form, 법학에서의 법권[법/권리]형식Rechtsform, 영예의 빛으로 넘치는 세계사에서의 권력형식Machtform.

자연적이고 역사적인 성장에 있어 최후의 것은 미학적 아름다움이며, 이는 그런 성장이 최후에 이르렀을 때의 번영과 그 덤이라고 할 수 있는 것으로서, 예술의 향유에 관하여 숙고하는 시대에 가장 두드러진다. 형체, 형상과 가시적인 상징은 위대한 대표로부터 스스로 생겨난다. 그 점에서 현대 기업 경영의 대표 없는 비형성적 성격은 자신의 상징을 다른 시대로부터 가져올 수밖에 없게 하는데, 기계는 전통이나 이미지를 조금도 갖지 못하는 것으로서 러시아 소비에트 공화국조차 자신들의 문장표식으로 낫과 망치 이외에 다른 상징을 찾을 순 없었던바, 그

낫과 망치란 천년 전 기술의 상태에 상응하는 것이지 산업 프롤레타리아트의 세계를 표출할 수는 없는 것이다. 낫과 망치라는 문장표식은 반동적인 농민 경제의 사적 소유제가 산업 노동자의 공산주의를 이기고 농업 위주의 소규모 경제가 기술적으로 더 완벽해진 대기업 경영을 이겼다는 점을 풍자적으로 시사하는 것으로 볼 수 있다. 하지만 그럼에도 그 원시적 상징은 최고의 기계 기술에는 없는 인간적인 어떤 것, 즉 언어를 가지고 있다. 경제적 시대에는 모든 것이 부족한 까닭에 아름다운 외양을 띤 것들이 맨 먼저 사람들의 이목을 끌게 되며 이는 전혀 놀랄 일이 아니다. 미학적인 차원에서도 아름다움이란 으레 표면에 남아 있는 것이다. 관건은 형식을 위한 역량의 핵심이 위대한 레토릭[수사학/변론술]의 언어를 위한 역량 속에 있다는 점이다. 지금 생각해야 할 것은 바로 그 지점이지 속물적으로 탄복하게 되는 추기경의 법복이나 그에 따른 시적인 아름다움을 두루 갖춘 아름다운 행렬의 화려한 외관이 아니다. 위대한 건축, 교회 회화와 음악 또는 의미심장한 시작품들은 여기서 말하는 형식을 향한 역량의 기준일 수 없다. 오늘날 교회와 창조적 예술은 의문의 여지없이 분리되어 있다. 최근 세대에 속하는 소수의 위대한 가톨릭 시인들 중 하나인 프랜시스 톰슨은 [퍼시 비시] 셸리에 대한 놀라운 에세이에서 말한다: 한때 성자 못지않은 시인의 어머니였던 교회, 성 도미니크 못지않은 단테의 어머니였던 교회는 스스로를 위해 지금은 오직 신성의 영예만을 보존하고 있을 뿐 예술은 이방인들에게 맡기고 있다. "그런 분리란 시를 위해서는 해로운 것이었다. 그것은 종교를 위해서도 좋지 않았다." 이는 참이며, 누구도 그렇게 아름답게 또 올바르게 정식화하지는 못한다: 현재의 상태는 종교와 관련하여 좋은 게 아닐 터이지만, 교회와 관련하여 죽음에 이르는 병은 없다.[32]

그런 병과는 반대로 낱말과 연설[언설]을 향한 힘, 넓은 뜻에서의 레토릭은 인간적 삶의 표시이다. 하지만 오늘날 그렇게 말하는 것은 어쩌면 위험한 일일지도 모른다. 레토릭에 대한 잘못된 인식은 저 양극적 이원론의 작용에 따른 것인데, 그것은 한쪽에서의 열렬히 노래하는 음악과 다른 한쪽에서의 아무 소리 없는 객관성이라는 이원론 속에서 "진짜" 예술을 낭만적인-음악적인-비합리적인 무언가로 만들려는 시도로서 드러난다. 사람들은 레토릭이 "고전적 에스프리[영혼·정신·사유]esprit classique"와 맺는 밀접한 연관을 알고 있는데, 그런 사정을 인식하고 서술했던 것은 [이폴리트] 텐의 위대한 공로로 남아 있다. 다만 그는 낭만주의에 관한 안티테제를 통해 고전적인 것의 살아 있는 개념을 죽이고, 그런 개념을 자신 스스로도 본래부터 믿지 않은 채 고전을 레토릭적인 것으로서, 그러니까 그가 생각하는 인공성, 즉 텅 빈 좌우대칭과 윤기 나는 생기 없음의 상태로서 입증하려고 애썼다. 대립명제들로 이뤄진 완벽한 공놀이! 합리주의와 "비합리적인" 어떤 것으로 이뤄진 대치 속에서 고전적인 것은 합리주의에 배속되고 낭만주의적인 것은 비합리주의에 배속되며, 레토릭적인 것은 고전적인-합리주의적인 것에서 비롯하는 것이 된다. 그러나 결정적인 것은 전혀 토론적이지 않으며 이성적이지 않은 연설, 무릅쓰고 명명해 본다면, 대표하는 연설répresentative Rede이다.[33] 그것은 안티테제들 속에서 운동하되 연설이 살아 있도록 연접결합을 형성하는, 대립 없는 갖가지 기본 요소들로 되어 있다. [자크-베니뉴] 보쉬에를 텐의 범주로 파악할 수 있겠는가? 보쉬에는 온갖 합리주의자들보다 더 많은 사고력을 가졌고 모든 낭만주의자들보다 더 많은 직관의 힘을 갖고 있었다. 그럼에도 그의 연설은 감탄을 자아내는 권위를 배경으로 할 때만이 가능한 것이었다. 그 연설은 추론이나 명령에도, 변증법에도 귀속되지 않으며 자신의 고유한 건축 구조 속에서 운동한 다. 그의 위대한 어법은 음악 이상인바, 말을 조형하는 합리성 속에서 가시화되는 것은 인간적 위엄이다. 이 모든 것은 위계질서를 전제로 하여 세워진 것인데, 위대한 레토릭의 정신적 공감[영적인 상호 울림]이란 연설자가 요청하는 대표에 대한 믿음에서 비롯되는 것이기에 그렇다. 보쉬에는 세계사 속에서 사제가 군인이나 고위 정치인에 해당되는 것임을 보여준다. 사제는 군인과 정치인이라는 대표의 형상 옆에 설 수 있는 것이지, 단지 알량한 자선만을 베풀며 대표를 [무대]장식과 혼동하는 상인이나 기술자의 경제적 사고 옆에 놓이는 게 아니다.

가톨릭 교회와 현재의 자본주의적 산업주의가 합일되는 일은 불가능하다. 왕좌와 성찬제단은 결속될 수 있어도 뒤따라 사무실과 성찬제단, 공장과 성찬제단이 결속될 수는 없다. 유럽의 로마-가톨릭 성직자가 더 이상 농민 인구 위주로 모집되지 않고 목사 사제의 다수가 대도시 주민이 되면 예측 불가능한 결과가 초래될 수 있다. 그러함에도 그같은 결속의 불가능성은 바뀌지 않는다. 그러나 변함없이 계속되는 것은 가톨릭교의 적응력, 그러니까 자본주의적 경영자 또는 노동조합이나 노사협의회 소속 노동자위원회가 지배하는 사회질서 및 국가질서에도 가톨릭교는 스스로를 적응시킬 수 있다는 점이다. 그러하되 그런 적응은 경제적 상황에 근거한 권력이 정치적인 것이 될 때만, 지배권을 획득한 자본가 또는 노동자가 국가적 대표의 모든 형식과 더불어 그 책임을 떠맡을 때만 가능하다. 그리되면 단지 경제적이고 사법私法적인 상황과는 다른 상황을 유효하게 통용시키려는 새로운 지배권이 강제되며, 형식적formal이어야만 될 그 새로운 질서 속에서만 생산과정과 소비과정의 운영이 고갈되지 않을 수 있는바, 모든 질서는 법질서이고 모든 국가는 법치국가이기 때문에 그렇다. 그같은 일이 일어나자마자 교회는 다른 모든 질서와 결속됐던 것처럼 그 새로운 질서와도 결속할 수 있게 된다. 교회란 토지를 소유한 귀족 또는 농민이 지배계급인 국가에 완전히 의존하는 게 아니다. 교회는 국가적 형식을 필요로 하는데, 그렇지 않으면 교회가 지닌 대표의 본질적 품성에 상응하는 것을 찾을 수 없기 때문이다. 무대배경[별실] 뒤쪽 막후에서 행사되는 "자본"의 지배는 여전히 형식이라고 할 수 없으며, 기존의 정치적 형식을 약화시키고 텅 빈 겉치레로 만들어 버릴 수 있다. 자본의 그런 지배가 성공한다면 국가는 남김없이 "탈정치화"될 것이고, 그렇게 절대적으로 비정치적인 인간 사회의 상태를 가져오리라는 유토피아적 목표의 실현이 경제적 사고에 의해 성공할 때 교회는 정치적 사고와 정치적 형식의 유일한 보유자로서 변함없이 남게 될 것인바, 교회는 엄청난 독점권을 가지게 될 것이고, 그 위계질서는 한때의 중세 시대보다도 정치적 세계 지배를 향해 더욱 근접하게 될 것이다. 그러하되 두말할 나위 없이, 교회는 자신의 이론과 이념적 구조를 따른다면 그러한 독점과 세계 지배의 상태를 바라지 않을 것인데, 왜냐하면 교회는 이해관계적인 당사자-콘체른Interessenten-Konzern이 아니라 정치적 국가, "완전한 사회societas perfecta[통달된 공동관계]"[34]를 전제로 삼고 있기 때문이다. 교회는 두 대표[교회와 국가]가 파트너로서 서로 대치해 있는 특별한 공동체 안에서 국가와 더불어 살기를 원한다.

사람들은 경제적 사고의 확산과 더불어 모든 종류의 대표에 대한 이해가 어떻게 쇠퇴하고 있는지를 관찰할 수 있다. 그 와중에도 오늘날 의회주의는 대표의 사고와 관련된 최소한의 이념과 이론적 기반을 포함하고 있다. 더욱이 그것은 기술적인 표현으로서 "대표 원칙"이라고 불리는 것에 의거해 있다. 그 원칙이 단지 대리, 즉 투표하는 개인을 지정하는 일 이외에 다른 어떤 것도 명시하지 못하는 한, 그것은 자신의 특색을 하나도 의미화하지 못한다.[35] 지난 세기의 국법학과 정치학 문헌에서 대리라는 낱말은 인민 대리를, 곧 왕이라는 다른 대표자의 맞은편에 있는 인민의 대표를 뜻했는데, 그 둘 모두는——혹은 공화정체라면 의회만이——"국민[국가/민족]"을 대표하는 것이었다. 그렇기에 사람들은 교회가 "대표의 설비들을 갖추지 못한 것"이라고, 왜냐하면 교회가 의회라고 할 만한 것을 갖지도 못했고 인민으로부터 권한을 이끌어 내지도 못했기 때문이라고 말한다. 교회는 시종일관 "위로부터" 대표한다. 19세기에 지속됐던 인민 대리와 왕권 간의 투쟁 속에서 법학은 대표의 의미와 그 독특한 개념을 잃어버렸다. 이 지점에서 특히 독일 국가학은 괴물같이 괴이하면서도 까다롭게 뒤얽힌 학술적 신화를 발전시켰는데, 2차적 국가기관으로서 의회는 1차적 기관(즉 인민)을 대표한다는 것, 하지만 그 1차적 기관은 "특별한 유보"가 없는 한에서 2차적 기관의 의지 이외에는 다른 의지를 갖지 않는다는 것, 두 인격은 단지 하나이므로 두 기관으로 형성되어 있을지라도 하나의 인격이라는 것 등이 그런 신화이다. 이에 관해서는 단지 게오르크 옐리네크의 『일반국가학』[1900] 가운데 「대표와 대표기관」이라는 기이한 챕터 하나만 읽어도 알 수 있다. 대의원은 인민 전체의 대리인이고, 따라서 선거 유권자들로부터 자립해 있는 위엄을 갖는다는 것, 그 위엄이란 (선거 유권자들 개개인으로부터 비롯되는 위엄에 속하는 게 아니라) 인민으로부터 비롯된다는 것, 그런 것들이 대표 원칙의 간명한 의미를 이루게 된다. "대의원은 지시와 하명에 속박되지 않으며 오직 자신의 양심에 따른 책임만을 진다." 인민의 인격화와 그 대표로서의 의회 간의 통일성은 최소한 그것의 이념을 따르는 한에서 상충되는 것들 간의 연접결합을, 즉 다원적인 이해관계와 당파들 사이에서 통일성이 이뤄짐을 뜻하는바, 거기에 상정되어 있는 것은 경제적인 것이 아니라 대표하는 것이다. 프롤레타리아 평의회 시스템은 그같은 비경제적인 사고의 시대에 남은 잔재들을 제거하고자 하며, 위임받은 파견단이란 단지 심부름꾼이자 중개자라는 점, "명령적 위임mandat impératif"[36]에 따라 생산과정의 관리를 행하는 하인이라는 점, 그렇기에 생산자에 의해 언제든지 소환 가능한 수탁자라는 점을 강조한다. 인민 "전체"란 단지 이념일 뿐이라는 것; 경제적 과정 전체만이 실재적이라는 것. 눈길을 끄는 점은 사회주의의 물결이 높이 일렁이

50

던 때, 젊은 볼셰비키들이 경제적-기술적 사고를 위한 투쟁을 이념에 맞선 투쟁으로, 모든 이념에 통틀어 맞선 투쟁으로 만들어내고자 했던 안티-정신적인 정신의 수미일관성이다. 이념의 찌꺼기가 남아 있는 한, 주어진 물질적 실제성을 앞질러 있는 무언가 영혼의 선재성 같은 관념도 잔존하게 되며, 그것은 초월적인 것과 위로부터의 권위를 뜻하게 된다. 경제적인-기술적인 것의 내재성으로부터 규범을 이끌어 내려는 사고는 그같은 위로부터의 권위를 두고 바깥으로부터의 간섭이라고, 스스로 가동되는 기계의 교란을 나타내는 것이라고 생각하는바, 정치인에 맞서 투쟁하는 정신적 인간과 그 정치적인 본능은 이념을 향한 소명에서 [위로부터의] 대표와 권위를 향한 즉각적인 권리 요구를 알아보며, 더불어 프롤레타리아의 무형식성에 머물지 않으려는 사람들 혹은 "살아" 있는 리얼리티의 콤팩트한 덩어리[꽉 짜인 (실용성을 따르는) 대중] 속에 머물지 않으려는 사람들을 알아보며, "사/물들이 스스로를 다스린다 regieren"고 하면서 다스림이란 따로 필요 없다고 말하는 사람들을, 그들의 오만함을 알아본다.

경제적 사고의 일관성 앞에서 정치적인 그리고 법적인 형식은 똑같이 부수적이며 성가신 것이지만 경제적 사고의 광신자가 있다는 역설이 생겨나는 어딘가——아마 러시아에서만 그럴 수 있을 것인데——에서만, 이념에 맞서는 그들 광신자, 즉 비-경제적이며 비-기술적인 모든 지성에 맞서는 그들 광신자의 적대 전체가 드러날 수 있다. 사회적 관점에서 그것은 혁명의 올바른 본능을 뜻한다. 지능과 합리주의는 그 자체로 혁명적이지 않지만, 기술적 사고만은 혁명적이다: 그것은 모든 사회적 전통에 있어 낯선 것이다. 기계에게는 전통이 없다. 바로 그 기술이 진정한 혁명적 원칙이며 그것과 더불어 모든 자연법적 혁명이 고풍스런 장난에 불과하다는 걸 인식했던 것이 카를 마르크스의 중대한 사회학적 직관 중 하나이다. 그렇기에 진보하는 기술만을 기반으로 건설된 사회는 결과적으로 혁명적일 수밖에 없다. 그러나 그것은 자기 스스로를, 그리고 그 기술을 쉽사리 파괴할 터이다. 그렇게 경제적 사고는 절대적으로 래디컬한 것이 아니며, 현재와의 결속에도 불구하고 절대적 기술주의와 서로 맞서게 될 수도 있다. 왜냐하면 경제적인 것에는 소유나 계약 같은 확실한 법적 개념이 여전히 포함되어 있기 때문이다. 물론 그런 법적 개념이란 최소한으로 제한되어 있으며 무엇보다 사법私法상의 것으로 한정되지만 말이다.

경제적인 것을 사회적 원칙으로 만들려는 목표와 사법 간의 모순, 그런 목표와 특히 사적 소유제를 유지하려는 노력 간의 두드러진 모순은 위와 같은 맥락에서만 암시될 수 있다. 여기서 흥미로운 점은 경제에서의 사법적인 경향이 법적 형식화의 제한을 뜻한다는 것이다. 사람들은 공공적인 삶이 저절로 다스려질 수 있을 것이라고 기대하는바, 그런 기대는 공공 대중, 즉 사적인 개인들의 여론을 통해 지배되며 여론은 다른 한편으로 사적 소유제 속에 있는 언론에 의해 지배된다. 그런 시스템은 대표하는 것이 아니라 전부 사적인 것이다. 역사적으로 볼 때 "사유화[민영화]"는 그 기초부터 종교와 함께 시작된다. 부르주아적 사회질서의 의미 안에서 최초의 개인 권리는 종교의 자유였으며 그것은 법적 자유의 역사적인 전개 속에 있는 일련의 목록——신앙 및 양심의 자유, 결사 및 집회의 자유, 언론의 자유, 상업과 직업 선택의 자유——의 시초이자 원칙이었다. 그러나 매번 어디에 세워지든지 종교적인 것이란 흡수하고 절대화하는 작용을 보여주는바, 종교적인 것이 사적인 것일 때라면 그 사적인 것 역시도 거꾸로 종교적인 것으로서 신성화된다. 그 둘은 서로 갈라져 분할될 수 없다. 그러므로 사적 소유제는 정확히 사적인 일이기에 신성한 것이다. 지금까지 거의 의식되지 못했던 그런 관계 맥락이 현대 유럽 사회의 사회학적 전개를 설명한다. 그렇게 종교, 즉 사적인 종교가 있는 것이며, 그게 없다면 이 사회질서의 건물은 붕괴하고 말 터이다. 종교가 사적인 것일 때 그것은 개인에게 종교적인 인준을 행하며, 아니나 다를까 절대적인 사적 소유제가 모든 위험들로부터 보장되는 일이란 그렇게 종교가 사적인 것일 때에만 본래적 의미에서 가능하다. 그런 보장은 도처에서 이뤄진다. 사적인 것으로서의 종교라는 명제가 독일 사회 민주주의의 에르푸르트 강령 속에서 자주 인용될 때,[37] 그 것은 자유주의 속에서의 흥미로운 편차를 보여준다. 그 강령의 신학자 카를 카우츠키 곁에서 우리는 그가 (가톨릭 교회와 기독교에 관한 자신의 1906년도 저작[『사회민주주의와 가톨릭 교회』]에서) 종교를 사적인 것이라기보다는 마음의 문제라고 수정했던 것을, 즉 해롭지 않으면서도 사소한 것이라고 징후적인 수정을 가했던 것을 발견할 수 있다.

　사적인 것의 리버럴한 정초에 맞선 대립 속에서 가톨릭 교회의 법적 형식화는 공공성을 띤다. 그런 사정 역시 교회라는 대표의 본성에 속하며 교회는 그같은 법적인 방도를 통해 종교를 파악할 수 있게 된다. 그런 까닭에 고귀한 개신교도 루돌프 좀은 가톨릭 교회에 대해서는 본질적으로 법적인 무언가로 정의하면서 기독교적 종교성에 대해서는 본질적으로 비非법적인 것이라고 간주할 수 있었다. 법적 기본 요소들의 침투는 참으로 이례적일 정도로 널리 이뤄지는바, 비난의 대상으로 빈번히 이용되는 가톨릭교의 모순 가득한 정치적 행동들은 바로 그 형식 속에서, 법적인 특색 속에서 설명될 수 있다. 현세적인 법학 역시도 사회적 실제성 안에서 상호 대항하고 있는 이해관계와 경향들 간의 어떤 **연접결합**을 실증한다. 그 속에도 가톨릭교와 비슷하게, 전통적 보수주의와 자연법적-혁명적 저항이라는 두 역량 간의 특색 있는 화합물이 놓여 있다. 혁명의 입장에서 법학자라는 "현존 질서의 신학자"는 특수한 적으로 간주된다는 점, 동시에 거꾸로 그 법학자가 정확히 혁명의 편에 서서 억압당하고 모욕당한 권리에의 파토스를 부여하기도 한다는 점은 모든 혁명적 운동에서 확인될 수 있다. 법학이 지닌 형식적 우월성은 변화하는 정치적 형식과 마주해 법학으로 하여금 가톨릭교와 비슷한 태도를 손쉽게 취할 수 있게 하는바, 법학은 "질서가 복구된다"고 하는 최소한도의 형식이 충족되기만 한다면, 그런 유일한 전제조건의 충족 아래에서라면 다양한 권력복합체와 긍정적으로 관계맺는다. 새로운 상황이 권위의 인정을 허용하자마자 법학을 위한 지반이, 법학이라는 실체적 형식을 위한 구체적인 기반이 제공된다.

그러나 그같은 형식 속에서의 모든 친족관계에도 불구하고 가톨릭교는 현세적인 법학과는 다른 어떤 것으로서, 정의의 이념만이 아니라 그리스도의 인격에 관해서도 더 많이 대표하며 그럼으로써 더 멀리 나아간다. 때문에 가톨릭교는 자신의 권력과 명예를 주장한다. 가톨릭교는 동등한 권리를 가진 당파로서 국가와 함께 협상하고 이로써 새로운 법을 창출하는 반면, 현세적인 법학은 기존 현행법의 중간 매개일 따름이다. 국가 안에서 판사가 적용하게 되는 법률은 내셔널한 전체를 통해 중매되는바, 그 때문에 정의의 이념과 개별적 사례 간에는 얼마간 규범이 형식을 갖출 수 있게 되며 그렇기에 그 둘은 서로 맞물릴 수 있다. 정치적 지시들에 예속되지 않고 오직 법권의 준칙에만 묶이는 국제재판소는 그같은 정의의 이념에 매개 없이 더 가까이 다가설 수 있을 터이다. 그것은 개별 국가로부터 벗어나 있으므로 국가 안의 재판소와는 판이한 것으로서 국가를 거스르는 권리주장에 나설 수 있는바, 곧 국제재판소는 임의적이고 재량적인 개별 국가에 예속되지 않고서 정의의 이념을 대표하는 자립적인 어떤 것이다. 따라서 국제재판소의 권위란 개별 국가들 간의 협정을 통해 이뤄진 것일지라도 국가들의 위임을 통한 것이 아니라 정의의 이념에 관한 매개 없는 대표에 의거해 있는 것이다. 그 권위란 오리지널한, 따라서 보편적인 심급으로서 일관되게 등장해야 한다. 그것은 논리적 일관성의 자연적인 확장이고 심리학적으로는 오리지널한 법권적 지위Rechtsstellung에 기초해 있는 오리지널한 권력 지위Machtstellung에 뒤따른 것이다. 이런 맥락에서 강력한 국가들의 공법학자들이 국제재판소에 맞서 표명하는 의구심이 잘 이해될 수 있다. 그 모든 의구심이란 주권의 개념에서 발원한다. 누가 주권자인지를 결정하는 권력은 새로운 주권을 의미하며 국가-위에 그리고 주권-위에 있을 수 있는 그런 권한을 가진 재판소란 예컨대 새로운 국가의 승인을 상위에서 결정할 수 있을 때처럼 새로운 질서를 스스로 창출할 수 있는 것이다.[38] 그런 종류의 요구를 할 만한 것은 재판소가 아니라 국제연맹[1919~1946]이다. 그러하되 그것은 자립적인 주체가 된다는 점을, 그러니까 그 주체에게 [행정적] 관리권과 [법적] 적용권 및 기타 권한들——재산권상의 자립성, 예산승인권과 여러 부차적인 권한들이 수반되는——이 귀속됨을 뜻하면서도, 그런 기능들 곁에서 자신 스스로를 위한 다른 무언가를 뜻하고 있다. 그 주체의 활동은 단지 관청 사무를 보는 재판소같이 기존의 법권 규범을 적용하는 일에 한정되지 않는다. 또한 그 주체는 모든 결정적인 갈등과 관련하여 자기 주장의 고유한 이해 관심을 갖기에 단순 중재자 이상으로 활동한다. 말하자면 그 주체는 정의——정치적으로 말하자면 현 상태[의 유지]Status quo——를 배타적으로 관철하길 멈춘다. 그 주체는 항시 변경되는 정치적 상황을 표준적인 원칙이자 기반으로 삼아, 무엇이 새로운 질서이며 무엇이 새로운 국가인지를, 또한 무엇이 그런 것이 아닌지를 자신의 권력으로 결정해야만 한다. 그런 사정은 이제까지의 현존하는 법적 여건으로부터 그 자체로 추론될 수 있는 게 아닌바, 왜냐하면 대부분 이제까지의 새로운 국가란 주권을 가진 주인의 의지를 거슬러 성립한 것이기 때문이다. 그러하되 자기를 주장하는 일의 순간[계기/동인]을 통해 법권과 자기 주장 사이에는 분규의 가능성이 부여될 것이며, 그같은 심급은 비인격적 정의의 이념뿐만 아니라 스스로의 권력으로 가득한 인격성도 대표하게 될 것이다.

로마 교회의 위대한 역사 안에는 정의의 에토스와 나란히 권력의 에토스도 세워져 있다. 그것은 영예, 광채와 명예를 향해 고양된다. 교회는 왕과도 같은 그리스도의 약혼녀이고자 한다. 교회는 다스리고 지배하며 승리하는 그리스도를 대표한다. 영예와 명예를 향한 교회의 주장은 특출한 뜻에서의 대표에 관한 사고에 근거해 있다. 그런 사고는 정의 대對 영예 가득한 광채라는 영원한 대립을 분만한다. 분규란 일반적으로 인간적인 것 속에 자리해 있지만, 독실한 기독교인은 그것을 빈번히 특별한 악의 형식으로 간주한다. 그리스도를 사적인 개인으로 파악하는 게 아니라, 기독교를 사적인 것이나 순수 내면성으로 파악하는 게 아니라 다름 아닌 가시적인 제도로서 조형했던 일,[39] 그것이 로마 교회가 비난받는 커다란 반역[누설]이었다. 루돌프 좀은 법적인 것 안에서 인류의 타락[원죄]을 인식할 수 있다고 믿었다. 다른 이들은 세계 지배를 향한 의지 속에서 더 거대하고도 깊숙한 인류의 타락을 보았다. 교회는 세계포괄적인 모든 제국주의와 마찬가지로 목표를 달성하게 될 때 세계에 평화를 가져올 것이지만, 그런 사정은 형식을 적대시하는 이들에게는 악마의 승리로 보인다. 도스토옙스키의 대심문관은 인간이란 본성적으로

악하며 비천하고, 비열한 반란자이며, 주인을 필요로 한다는 점을 빈틈없는 자각 속에서 알고 있었기 때문에, 그리고 오직 로마의 사제에게서만 모든 저주Verdammnis[유죄선고]를 자진하여 받을 수 있는 담대함을 발견할 수 있었기 때문에 사탄의 유혹[시험]을 따랐다고 고백한다. 여기서 도스토옙스키는 자신이 지닌 잠재적 무신론을 로마 교회에 대단히 폭력적으로 투사한다. 기본적으로 아나키스틱한——그리고 항시 무신론적인——그의 본능 속에서 모든 권력은 악하고 비인간적인 무엇이다. 현세적인[일시적인] 테두리 안에서 모든 권력에 자리한 악의 유혹이란 분명 영원한 것이며 권력과 선함의 대립 관계란 오직 신 안에서만 지양될 터이지만, 모든 [세]속적 권력을 거절함으로써 그런 대립 관계를 회피하려는 것은 가장 나쁜 비인간성을 보여준다. 암흑으로 만연된 분위기 속에서 가톨릭교의 제도적인 싸늘함은 악으로, 도스토옙스키의 형체 없는 광막함은 진실한 기독교로 느껴지게 된다. 이는 분위기와 느낌에 포위된 모든 것들과 마찬가지로 몹시 천박한 것이며, 땅 위의 현존재와 마지막 날의 영광스러운 재림 사이에 그리스도가 다시 한번 혹은 여러 번 표지될 수 있다는 생각, 말하자면 그리스도가 실험과도 같이 사람들 사이에 다시 나타날 수 있다는 생각이 얼마나 비기독교적인 표상인지조차 모르는 것이다. 도스토옙스키보다 한층 더 간명하면서도 무한히 넓은 지평을 가진 프랑스 가톨릭교도의 정신, 그것에 의해 발견된 하나의 이미지는 긴장으로 팽팽해진 모든 분규를 포괄하는 동시에 그런 분규 상태를 (신의 정의Gerechtigkeit[올바름/공정성]에 정면으로 조준된 항소의 형식화를 통해) 변증법적으로 극단에까지 몰아세우는 것이었던바, 그것은 에르네스트 엘로가 심판과 항소의 형식이라는 법학적 범주를 보존하면서 만들어낸 전대미문의 무대 장면을 통해 다름 아닌 최후의 날[최종심판에 의한 세계의 끝날]을 묘사하고자 했던 한 대목이다: 세계심판관Weltenrichters의 판결이 내려진 그때, 범죄로 뒤덮여 저주를 받게 된 누군가가 그 판결의 바로 즉석에서, 꼿꼿이 선 채로, 세계 만물의 경악에도 아랑곳없이 재판관을 향해 입을 연다: *나는 항고한다*j'en appelle. "이 말 곁에 있던 별들이 꺼져 버렸다." 그러나 최후의 심판jüngsten Gerichtes이라는 이념에 따르자면 재판관의 그 평결이란 무한히 최종 결정적이며 *끔찍하리만치 되돌릴 수 없는 것*effroyablement sans appel[지독히 확정적인(그렇기에 항고 불가능한) 것]이다. 나의 심판에 대해 너는 대관절 누구에게 항소하겠다는 것인가? 재판관 예수 그

리스도가 물었고 저주받은 자는 섬뜩한 고요 속에서 응수
한다: *나는 당신의 정의로부터 당신의 영광에 대해 항고한다J'en*
appelle de ta justice à ta gloire.——[40]

　위와 같은 대표의 세 가지 위대한 형식 각각에서 모순
으로 가득한 삶의 복합체는 인격적 대표의 단일성으로
조형된다. 그 세 가지 각각의 형식은 특수한 동요와 혼란
을 야기하면서 새로이 안티-로마적 격정에 생기를 부여
한다. 모든 분파주의자와 이단자들은 인격주의 속에 있는
대표의 사고가 가장 깊은 의미에서 인간적이라는 점을 보
려고 하지 않는다. 때문에 18세기 가톨릭 교회가 다름 아
닌 휴머니티의 이념으로 자신에게 이의를 제기하는 상대
를 발견하게 됐을 때, 그것은 교회의 입장에서는 특수하
고도 새로운 종류의 투쟁이었다. 그 투쟁의 열광은 고결
한 불꽃을 지니고 있었다. 그러나 역사적 중요성을 내세
우는 지점에서 그런 투쟁 자체는 다시금 저 분규의 운명
에 빠져들었고, 그 광경은 교회에 맞선 여러 에너지들을
일깨웠다. 휴머니티의 이념이 근원적인 힘을 보존하고 있
는 한, 그것의 대리자들도 비인간적인 위대함으로 그 힘
을 성사시킬 용기를 발견할 수 있었다. 18세기 휴머니티
의 철학자들은 계몽된 전제정치와 이성의 독재를 설파했

다. 그들은 자부심 가진 귀족이었다. 그렇게 그들의 권위와 비밀단체, 엄숙하게 비의적秘義的[밀교적]인 그 결속들은 그들이 휴머니티의 이념을 대표한다는 점에 근거한 것이었다. 거기에는 비의적인 모든 것이 그러하듯이 비봉헌자[입문하지 않은 자]에 대한, 보통 사람들에 대한, 일반적인 대중의 데모크라시에 대한 우월감이 자리해 있다. 그같은 용기를 오늘날에도 여전히 체감하는 이는 누구인가? 위대한 휴머니즘적 정신으로 이뤄진 모차르트의 〈마술피리 Zauberflöte〉[1791년 초연] 같은, 특별하고도 기념비적인 독일 작품에 어떤 운명이 닥쳤는지를 염두에 둔다면, 이례적으로 교훈을 얻을 수 있을 것이다. 그 작품은 오늘날의 상냥한 독일 음악과 전원시, 그리고 비엔나 오페레타[희가극]의 선구자와 어떤 점에서 다른가? 그 작품은——모두가 확언하는 것처럼——역시 계몽의 노래, 밤에 맞선 태양의 투쟁, 암흑[죄악의 구덩이]에 맞선 빛의 투쟁이다. 그때까지는 데모크라시 시대의 감정에 있어서도 자연스레 만사가 질서 잡혀 있었다. 심상치 않은 것은 밤의 여왕, 그러니까 프리메이슨 사제에 맞서 투쟁하는 그 여왕이 특별한 의미에서 어머니라는 점이다.[41] 그러하되, 궁극적으로 중요한 것: 그것은 프리메이슨 사제들 사이에 널리 퍼져 있던 남성다움의 자부심과 권위적인 자신감이며, 경제적 욕구의 충족을 고려하는 보통사람들에 대한, 그런 욕구의 충만함을 원하며 그 충족을 통해 처리[낙착/마무리]되는 가장家長 파파게노에 대한 악마적 아이러니이고, 그런 것들이 19세기와 20세기 사람들을 어떻게 경악시켰는지이다. 거대한 이념사적 견지에서 살피는 수고를 마다하지 않는다면, 인기 있고 자주 언급되는 이 오페라보다 더 섬뜩한 것은 없음을 알게 될 터이다. 셰익스피어의 『폭풍우』[『템페스트』(1611)]와 비교하면서 프로스페로가 어떻게 프리메이슨 사제가 되고 캘리밴이 어떻게 파파게노가 되는지를 알아야 한다.[42] 18세기까지만 해도 자신만만한 태도로 비밀이라는 귀족적 개념에 과감히 달려들 수가 있었다. 더 이상 그런 용기가 없는 사회에는 그 어떤 "비밀들Arcana"[43]도, 그 어떤 위계질서도 비밀외교도 없을 것이며 도대체가 정치라는 게 있을 수 없을 터인바, 왜냐하면 모든 위대한 정치는 "비밀Arcanum"에 부속되어 있기 때문이다. [오늘] 모든 일은 무대 세트 앞에서(무대 앞바닥에 앉은 파파게노들 앞에서) 연기되고 있다. 이 속에서 여전히 영업비밀들이나 경영비밀들을 가질 수 있겠는가. 그런 종류의 비밀들은 경제적-기술적 사고 속에서 특별한 앎을 발견하고 있는 것처럼 보이며, 동시에 그같은 사정 속에는 컨트롤되지 않는 권력의 새로운 시초가 벌써부터 자리해 있다. 그것은 생각할 수 있는 한에서 가장 미미하게 대표하며 그렇기에 당분간 변함없이 경제적인 것 안에 완전히 머물게 될 것인바, 이제까지는 노사협의회 소속 노동자회만이 그런 비밀들에 맞서 들고일어나리라 생각해 왔다. 사람들은 단지 휴머니티에 대해서만 듣게 될 것이고, 그렇기에 휴머니티의 이념이라는 것이 실현되자마자 그것이 모든 실현 과정의 변증법에 굴종하게 됨을 살피지 못할 터인바, 끝내야 할 것은 [그런 굴종 아래서만] 단지 인간적일 뿐인 상태, [실제로는] 비인간적인 상태인 것이다.

가톨릭 교회는 오늘날의 유럽에서 저 18세기의 정신과도 같이 열광과 더불어 공개적으로 교회의 적임을 내세우는 반대자를 갖지 않는다. 휴머니티적인 평화주의는 자신의 이상이 정의와 평화 속에 침몰해 있기 때문에 적대관계를 이룰 힘이 없다. 이에 더해, 최선의 평화주의자는 그러지 않겠지만 다수의 평화주의자들은 대체로 전쟁을 저급한 장사를 뜻하는 단지 그럴듯한 계산으로만 취급하며, 전쟁에서 아무리 많은 에너지와 물질이 낭비될지라도 그 상태를 진정시킬 수는 없는 합리주의적 격정을 지니고 있다. 오늘날의 국제연맹은 쓸모 있고 유익한 제도일 수는 있지만 보편적 교회의 반대자로서 나서지는 못하며 결코 인류의 이념적 지도자일 수도 없다. 유럽에 맞선 최후의 반대자는 프리메이슨이었다. 그것의 영웅적 시대에 타올랐던 불길이 아직도 여전히 살아 있는지 어떤지 나는 알지 못한다. 그러나 그 어떤 이념적 요구를 내걸든지 간에 프리메이슨은 가톨릭교와 국제연맹이 그러하듯 일관되게 경제적 사고에 무관심할 수 있을 것이다. 경제적 사고란 전부 그림자일 따름으로, 필시 한쪽은 미래의 그림자이고 가톨릭교는 과거의 그림자일 터인바——실제로 누군가 말했듯——한쪽 그림자가 다른 쪽 그림자에게 손을 건넸는지 아닌지 서로 언쟁을 했는지 아닌지는 마찬가지로 완전히 사소한 일일 뿐이다. 휴머니티란 너무도 추상적인 이념이지만 적어도 미적인 소비의 흥미를 여전히 불러일으킬 수 있는 가톨릭교와 나란히 이해될 수 있는 것처럼 보인다. 세 번이나 되풀이해 말하는 것이지만, 경제적으로 사고하는 자본가들의 객관성은 급진적 공산주의의 신조와 대단히 가깝다. 곧 경제적이고 기술적인 메커니즘을 그것의 내재적 적법성에 맡긴다면 인간도 사/물들도 "다스림"을 필요로 하지 않게 되는 것이다. 그같은 논증 아래서 모든 정치적 권위는 거부될 것인바, 그럴 때 19세기의 저 위대한 아나키스트 바쿠닌은 이념과 정신에 맞선 투쟁 속에서, 모든 형이상학적이고 이데올로기적인 방해들로부터 벗어날 수 있게 하는 길을 둘러싸고 세대들을 일찍 앞서갔던 사람으로서 나타나게 될 것이며, 나아가 스키타이[B.C. 9세기]적인 압력으로 종교와 정치, 신학과 법학에 맞서 그것들을 두들겨 분리시키는 나이브한 용사Berserker[곰 가죽을 덮어쓴 (북유럽 신화 속) 전사]로서 나타나게 될 것이다. 이탈리아인 [주세페] 마치니에 대한 바쿠닌의 투쟁은 민족 대이동['서유럽'을 형성시킨 4~6세기 게르만족의 이동]보다도 더 거대한 차원을 가진 엄청난 세계사적 전복, 그것의 상징적 전초전과도 같은 것이다.[44] 프리메이슨으로서 마치니가 지녔던 신을 향한 믿음이란 바쿠닌에게는 신을 향한 모든 믿음과 마찬가지로 단지 하인의 예속 상태를 증명하는 것이었고, 악독한 모든 것들과 국가적이고 정치적인 모든 권위의 고유한 원인이었다: 그것은 형이상학적 중앙집권주의였다. 마르크스와 엥겔스 역시 무신론자였지만 그들과 바쿠닌을 가르는 것은 교양의 차이라는 궁극적 기준이다. 동부의 [페르디난트] 라살에 대해 이 두 서부 독일인 안에서 벌써부터 싹트고 있던 극복 불가능한 혐오는 대단찮은 변덕 이상의 것이다. 러시아인에 대한 그들의 증오가 그들의 본능 가장 깊은 층에서 생겨난 것임은 제1인터내셔널 안에서의 격렬한 투쟁 속에서 드러난다. 이와 정반대로: [바쿠닌이라는] 아나키스트 러시아인의 모든 것은 "독일 유대인"(게다가 트리어에서 태어난[45])과 엥겔스에 맞서 들고일어나는 것이었다. 아나키스트를 언제나 새로이 북돋웠던 것은 지성주의[주지주의]이다. 마르크스와 엥겔스는 과잉된 "이념"을, 과잉된 "뇌수"를 가졌다는 것. 바쿠닌은 "세르벨cervelle['두뇌'를 뜻하는 불어]"이라는 낱말을 오직 씩씩거리는 격노 속에서만 발음할 수 있는바, 그는 그 낱말의 배후에서 법권과 더불어 권위, 규율, 위계질서에 관한 권리주장을 간파한다. 그에게 모든 종류의 두뇌주의는 생명의 적이다. 그가 가진 야만적 불굴의 본능은 독일의 혁명가들이 "프롤레타리아트"라는 투쟁 계급을 창조하면서 기이한 도덕적 파토스로 낙인찍었던 개념, 즉 겉보기에는 부수적이지만 진실에 있어서는 결정적인 개념을 끄집어냈다: "룸펜프롤레타리아트 Lumpenproletariat".[46] 이 명칭(비하적인[멸시적인] 동시에 고풍스런[그림처럼 정취 있는]à la fois méprisant et pittoresque[47])은 뿌리 뽑을 수 없는 평가들을 짊어지고 있기에 실제로는 하나의 징후[증세]로서 가치를 갖는다. 사회사상들의 모든 측면은 "룸펜프롤레타리아트"라는 명칭의 바로 그 기묘한 혼합상태와 관계되어 있다: 그것은 "프롤레타리아트"이지만 부르주아 시대의 보헤미안, 기독교인 거지, 그리고 굴욕당하고 능욕당한 모든 이들을 포함하는 명칭이다. 그것은 모든 혁명과 봉기에서 그다지 선명하진 않지만 본질적인 역할을 맡았다. 볼셰비키 문필가들은 최근 몇 년 동안 자주 룸펜프롤레타리아트에게 명예 회복을 안겨 주었다. 마르크스와 엥겔스가 바야흐로 그들의 참된 프롤레타리아트를 저 "썩은" 불량배들과 구별하기 위하여 숙고하고 있을 그때, 그 두 사람에게 전통적 도덕과 서유럽적 교양표상들이 여전히 강하게 작용하고 있다는 점이 들춰내진다. 그 둘은 자신들의 프롤레타리아트에게 사회적 위엄을 부여하고자 했지만, 그런 일은 단지 도덕적 개념들로써만 가능하다. 그러나 그 지점에서 바쿠닌은 룸펜프롤레타리아트에게 도래할 사/물의 담지자를 다름 아닌 "천한 것들canaille"의 소명 속에서 찾아보는 믿기 어려운 용기를 가졌다. 어떤 탁월한 레토릭: "내가 프롤레타리아트의 번영 아래에서 이해하고 있는 것은 정확히 거대한 대중, 그러니까 문명화되지 않은 수백만의 사람들, 무산자들, 곤궁한 자들과 문맹자들인바, 엥겔스 씨와 마르크스 씨는 부성적인[아버지적인] 지배라는 힘센 다스림 아래로 그들을 굴복시키길 원했다. 내가 프롤레타리아트의 번영 아래에서 이해하고 있는 것은 정확히 저 다스림 받는 영원한 총알받이들, 그러니까 저 위대한 천민들, 여전히 부르주아적 문명에 의해 거의 건드려지지 않았으며 내면의 정열들과 본능들 속에 미래 사회주의의 모든 싹들을 품고 있는 이들이다."[48] 바로이 지점, 즉 본질적으로 현행적인[시사/현안적인] 무대 장면이 펼쳐지면서 오늘날의 정치적 위대함[크기/용량]으로 가톨릭교가 어느 편에 서 있는지를 식별할 수 있게 되는 바로 이 지점에서처럼, 교양의 결정적 차이가 강력히 입증되는 곳은 따로 없다.

19세기 이후로 유럽에는 서유럽적 전통 및 교양에 대해 낯설게 맞상대하는 두 거대한 대중, 그 제방 둑을 향해 쇄도하는 거대한 두 물살이 있었다: 대도시의 계급 전사다운 프롤레타리아트와 유럽을 등진 러시아. 이 둘은 전승되어 온 서유럽적 교양의 관점에서 보면 모두 야만적이지만, 자기의식적인 힘을 가질 때 그들은 스스로를 두고 자랑스레 야만적이라고 명명한다. 그 양쪽이 러시아 땅, 러시아 평의회[소비에트(노+농+병 대표자회의)] 공화국에서 서로 합쳐졌던 일은 깊은 이념사적 적정성을 갖는다. 러시아 세력과 대도시 산업 노동자라는 두 기본 요소가 서로 간에 매우 다르며 또 심지어 서로 대치하는 것일지라도, 그리고 그 전체 과정이 이제까지의 모든 선행 구성체 및 마르크스주의 이론에서 볼 때 심히 설명 불가능한 수수께끼 같은 것일지라도 그 두 기본 요소 간의 결속은 세계사의 우연적인 사건이 아니다. 나는 서유럽적 교양에 맞선 러시아인의 증오 속에 자유주의나 독일 마르크스주의 이상으로 기독교가 자리해 있음을, 위대한 가톨릭 신자들이 공개적인 사회주의적 무신론보다 자유주의를 더 고약한 적으로 간주했음을, 어쩌면 무형식성 안에 경제기술 시대를 형성하는 새로운 형식이 잠재되어 있을 수도 있음을 알고 있다. 오래도록 모든 생존의 **명목 아래**Sub specie[구실 아래] 있었던 가톨릭 교회는 여기서도 결정을 내릴 필요는 없는 것이며, 그렇게 또한 여기서 생존해 있는 모든 것들의 연접결합이 될 것이다. 가톨릭 교회는 상속자인 것이다. 사정이 그러함에도 지금 당장의, 현행적 상황에서의, 각 개별 세대의 피할 수 없는 결정이라는 것이 있다. 여기서 교회는 투쟁하는 특정 당파들을 위해 자신의 입장을 천명할 수는 없을지라도 예컨대 19세기 초반의 교회가 반혁명 쪽에 섰던 것처럼, 실제적으로는 어느 한쪽 편에 서야 한다. 그리고 바로 그 지점에서 나는 믿는다: 바쿠닌의 전초 투쟁 속에 있던 가톨릭 교회와 휴머니티의 가톨릭적인 개념이란 아나키스틱한 러시아인의 무신론적 사회주의보다는 마치니 쪽에 더 가까운 이념과 서유럽 문명의 편에 서 있던 것이라고.

미주

1 "격정"으로 옮긴 "Affekt"는 마음의 강렬한 움직임, 재현되기 이전의 내적인 흥분·고양·자극의 상태를 뜻함. 기존의 옮김들은 다음과 같다. "temper[기질]"(E); "感情[감정]"(J); "impulso[충동·자극]"(S). 스페인어판은 '로마적' 앞에다가 원문에는 없는 '가톨릭'이라는 낱말을 덧붙여 옮겼다: "안티-가톨릭 로마적인 충동이 실재한다."(S)

2 "교황신성설Papismus". 이는 이후 본문에 나오는 "교황의 무오류성", 오류 없는 결정을 행하는 교황의 신성성 및 그것을 옹립하는 주의주장을 뜻함. 'Papist'라는 낱말은 16세기 종교개혁 시기 개신교 쪽에서 신학적 경멸을 담아 사용한 투쟁 용어였다. 이른바 교황권에 대한 절대적 복종과 가톨릭에 의한 보호 및 보장을 설파하면서, 교황의 영적인 권력을 국권적 권력 위에 놓았다. 교황권에 의한 보편적 질서의 구축, 이를 달리 표시하는, 그런 구축의 제도적 힘을 표현하는 것이 교황의 신성성을 정점으로 하는 위계적 "성직교권주의Klerikalismus"이다. 그 정점을 향해 있는 "예수회주의Jesuitismus"는 1545년 이그나티우스 데 로욜라를 중심으로 성립된 예수회Societas Iesu의 활동·힘·지향을 모두 뜻한다. 예수회는 제수이트로 불리는 남성들의 수도회였으며 '신의 군대'이자 '교황의 정예 부대'로 자임했다. 교황신성설에 뒤이어 곧바로 예수회주의가 나오는 것은 그런 까닭에서다. 로욜라는 원래 기사였고 오랜 군대 경험과 엄격한 기율을 수도 생활에 접목시켰다. 이에 근거해 예수회는 선교, 사회정의 사업, 고등교육, 연구 등을 행했다. 예수회의 보호자는 성모 마리아를 일컫는 여러 칭호들 중 하나인 '길[道]의 성모Madonna Della Strada'이다.

3 "안티크리스트Antichrist" 혹은 적그리스도. 그리스도보다 더 그리스도 같은, 그리스도의 적. 알려져 있듯, 이는 사도 바울의 편지 한 대목에 나온다: "여러분은 아무에게도 어떤 방법으로도 속아 넘어가지 마십시오. 그날이 오기 전에, 먼저 배교하는 일이 생기고, 불법을 행하는 사람 곧 멸망의 자식이 나타날 것입니다. 그[적그리스도]는 신이라고 불리는 모든 것이나 예배의 대상이 되는 모든 것에 대항하고, 그들보다 자기를 높이 올리는 자인데, 신의 성전에 앉아서 자기가 신이라고 주장할 것입니다. 아시다시피

그자는 지금 어떤 힘에 붙들려[억제되고] 있지만 제때가 되면 나타나게 될 것입니다. 불법의 비밀이 벌써 작동하고 있습니다. 그러나 그 악한 자를 붙들고 있는 자[억지자]가 없어지면 그 때에는 그 불법자가 완연히 나타날 것입니다. 그리고 주 예수께서는 다시 오실 때에 주의 입김과 그 광채로 그 불법자를 죽여 없애실 것입니다."(「데살로니카인들에게 보낸 둘째 편지」, 2장 3~8절) 최후심판의 '그날', 다시 올 그리스도에 의해 적그리스도는 끝난다.

본문에 6회 제시되는 '안티크리스트'라는 낱말을 위와 같이 바울의 편지로부터 언급할 때, 그리고 본문 속 "도스토옙스키"의 이반 카라마조프가 말하는 "대심문관"(본문에 2회 제시됨) 및 그가 자임하는 역할을 상기할 때, 안티크리스트/불법자 곁에는 그 거짓 구원자를 나타나지 못하도록 '붙들고 있는 자', 즉 '카테콘'이 놓여 있다. 2차 대전 전후 슈미트가 쓴 다음과 같은 한 대목을 참조할 수 있다: "기독교 왕국의 계속성에 있어 결정적이며 역사 지배적인 개념은 억지자[抑止者]의 개념, 즉 카테콘[Katechon]의 개념이다. 여기서 '왕국'은 안티크리스트의 출현과 현재의 무한히 긴 시간의 종말을 저지시킬 수 있는 역사적 세력, 「데살로니카인들에게 보낸 둘째 편지」제2장에 나오는 사도 바울의 말에 따라 보유하고 있는qui tenet 하나의 힘을 의미한다. [⋯] 근원적으로 기독교적인 신앙에서 카테콘이라는 역사상 이외의 다른 역사상은 결코 가능할 수 없다. 어떤 억지자가 세계의 종말을 저지한다는 믿음은 모든 인간적인 사물/사건의 종말론적 마비로부터 게르만 왕들이 행한 기독교적 황제정치의 역사적 지배력과 같은 거대한 역사적 지배력으로 이행해 가는 유일한 가교가 된다."(칼 슈미트, 『대지의 노모스』[1950], 최재훈 옮김, 민음사, 1995, 37쪽) 이와 관련해선, 본문 속 "그리스도의 섭정자"에 대해 언급한 미주 29번 참조.

"요한계시록의 바빌로니아 여인babylonische Weib der Apokalypse" 역시도 그런 최후의 날에 관계되어 있다: "대접을 하나씩 가진 그 일곱 천사 중의 하나가 나에게 와서 말했습니다. '이리 오너라. 많은 물 위에 앉은 엄청난 탕녀가 받게 될 심판을 보여주겠다. 세상의 왕들이 그 여자와 더불어 놀아났고 땅에서 사는 사람들이 그 여자의 음란의 포도주를 마시고 취했다.' 그리고 그 천사는 성령으로 나를 감동시켜 광야로 데리고 갔습니다. 거기에서 나는 진홍색 짐승을 탄 여자를 보았습니다. 그 짐승의 몸에는 신을 모독하는 이름들이 가득 적혀 있었고 머리 일곱에 뿔이 열 개나 달려 있었습니다. 이 여자는 자주색과 진홍색 옷을 입고 금과 보석과 진주로 단장하고 있었으며 자기 음행에서 비롯된 흉측하고 더러운 것들이 가득 담긴 금잔을 손에 들고 있었습니다. 그리고 이마에는 '땅의 음녀들과 가증한 물건들의 어머니, 대[大]바빌론'이라는 비밀의 이름이 적혀 있었습니다. 그리고 나는 그 여자가 성도들의 피와 예수의 증인들의 피에 취하여 있는 것을 보았습니다. [⋯] 그 천사가 나에게 또 이렇게 말했습니다. '네가 본 물, 곧 그 탕녀가 앉아 있는 물은 백성들과 군중들과 나라들과 언어들이다. 그리고 네가 본 열 뿔과 그 짐승은 바로 그 탕녀를 미워하여 벌거벗기고 처참한 지경에 빠뜨릴 것이다. 그리고는 그 탕녀의 살을 뜯어 먹고 마침내 그 탕녀를 불살라 버릴 것이다. 이는 신께서 그들의 마음속에 당신의 뜻을 이루려는 욕망을 심어 주셨고 뜻을 모아 그들의 왕권을 그 짐승에게 넘겨주게 하셨기 때문이다. 그리하여 결국 신의 말씀이 이루어질 것이다.'"(「요한계시록」, 17장 1~6절; 15~17절)

그렇게 적그리스도와 바빌론의 탕녀가 심판되는 최종일의 아포칼립스적 상황은 이후 본문에 나오는 "최후의 날"의 "세계심판관" 그리스도, 그 심판에 대한 (도스토옙스키의 대심문관 및) 에르네스트 엘로의 항소 속에서 다시 정의된다. 미주 40번 참조.

4 "크롬웰의 마성적 격노damonischer Wut". 청교도清教徒[퓨리턴] 올리버 크롬웰. 그는 하원의원에서 신식 군대 철기대Ironside의 군제 개혁자로 변신했고, 청교도를 탄압한 국왕 찰스 1세의 처형(1649년)으로 정점을 찍는 왕당파와 의회파 간의 잉글랜드 내전을 의회파의 승리로 이끌었다. 종신 호국경護國卿[정식 명칭은 '잉글랜드·스코틀랜드·아일랜드 연방 호국경Lord Protector of the Commonwealth of England, Scotland and Ireland']이 되었고, 금욕적 청교도 근본주의의 엄격한 생활 도덕에 근거해 가톨릭을 탄압했다. 예컨대, 가톨릭 신앙의 보장을 걸고 복위를 꾀하던 찰스 1세에 응해 군대를 일으킨 가톨릭 아일랜드를 초토화시킨 드로이다Drogheda 공성전의 잔인함(토지 강탈·몰수·재분배·재편성)은 널리 알려져 있다. 1641년 하원의원으로서 행한 연설에서 크롬웰은 정확히 '교황신성론(교황주의)'과 '예수회주의'에 반대하여 '참된 종교개혁'을 옹호했다.

슈미트가 그런 크롬웰의 '마성적인damonisch[악마적인·신들린·무시무시한]' 안티-가톨릭적 '격정'에 비한다면 대수롭지 않다고 했던 게 "바치카눔"에 맞선 [비스마르크의] 문화 투쟁Kulturkampf이다. 프로이센 제국 총리 오토 폰 비스마르크는 프로테스탄트 제국 프로이센의 근대화/세속화에 맞선 가톨릭 진영의 정당 운동('중앙당'), 즉 국가에 복속되지 않는 교회의 독립성 옹호, 제국에 통합되지 않는 연방주의 옹호, 반근대화 등의 운동을 '제국의 적'으로 설정했고, 가톨릭 교회의 독립적 권리들(인사권, 재정권, 종교재판소 사법권, 예수회 등의 수도원 활동)을 국가가 관리·억제·탄압하기 위한 입법을 행했다. 문화 투쟁(1871~1878년)은 그 법의 일반 명칭 '문화 투쟁 입법Kulturkampfgesetzgebung'에서 연원한다. 이 투쟁은 1878년 로마 교황청과 비스마르크가 화해할 때까지 이어졌다.

본문에 나온 "『상념과 회상Gedanken und Erinnerungen』"은 비스마르크의 세 권짜리 자서전이다. 그의 오랜 조력자 로타르 부커의 도움을 받아 집필되었다. 1·2권은 그의 사후 1898년에 출간되어 베스트셀러가 되었고 3권은 비스마르크 가문의 반대로 1919/1921년에 출판되었다.

본문의 "바티카눔Vaticanum"은 라틴어 표기이다. 독일어 바티카눔 Vatikanum과는 철자 하나가 다른데, 바티카눔은 비스마르크 동시대의 사건인 바티칸 공의회(1869~1870년)를 특칭한다. 이 공의회와 관련해서는 "교황의 무오류성"을 개괄한 미주 15번 참조.

5 인용부호가 붙은 "교(황)권 기계»päpstlichen Maschine«", 교권 머신 machine의 그 "관료제적 컨트롤"(에 반감을 갖는 개신교 신자들). 이는 베버가 말하는 "관료제"적 지배 형식과 관계된 "기계"에서 연원한다: "생명력이 없는 머신은 객관적인 정신이다. 이 머신은 인간을 자신에게 복종하도록 강요하고, 인간의 일상적 노동 생활을 압도적으로 결정하는 권력을 지닌다. 실제로 이런 예를 이미 공장에서 보지 않았는가? 객관적인 정신은 또한 살아 있는 정신으로서, 훈련받은 세부 작업의 전문화, 관할 영역의 분화, 규칙, 서열화된 복종 관계를 생명으로 하는 관료제적 조직을 의미한다. 관료제적 조직은 죽은 기계와 결합하여, 고대 이집트의 농부들이 그랬던 것처럼 아마도 언젠가 인간을 무기력하게 강제적으로 복종시키게 될 미래의 예속적 굴레를 만들어낼 것이다. 이것은 관료제적 조직이 순수하게 기술적으로 우수하다면, 즉 합리적인 관료제적 행정과 서비스가 문제 관리의 방식을 결정하게 될 최후이자 유일한 가치가 될 경우, 예속의 굴레를 만들어낼 것임을 뜻한다."(막스 베버, 「관료 지배와 정치적 리더십」, 『행정의 공개성과 정치 지도자 선출 외』, 이남석 옮김, 책세상, 2002, 31쪽)

베버는 관료제적 지배 형식의 "질서"가 "경영체뿐만 아니라 정치단체나 교권제단체에서도 똑같이 적용될 수 있으며 역사적으로도(순수한 유형에 다소간 근접한 형태로) 증명될 수 있다"고 말한다(막스 베버, 『관료제』, 이상률 옮김, 문예출판사, 2018, 97쪽). 그런 '교권제단체'와 관계된 베버의 다음 한 대목은 슈미트의 '교(황)권 기계'의 관료제적 통제 및 뒤이어 본문에 나올 "교황의 무오류성"과 관련하여 제시될 수 있다: "교권제단체는 [...] (형식적인 보편적 '권한'으로서의) 총괄 주교직과 (실질적인 보편적 '권한'으로서의) 무오류성을 주장하는데(이때 무오류성은 '교황의 권위로부터ex cathedra', 즉 그 직위로부터 나오며, 따라서 전형적으로 '직위'와 '사적' 활동을 구분한다), 이는 전형적인 관료제 현상이다. 거대한 자본주의 기업도 사정은 마찬가지이며, 규모가 클수록 더하다. 정당의 경영이나 '장교'라고 불리는 특수한 종류의 군사 관료에 의해 지휘되는 근대 관료제 방식의 군대 역시도 사정은 덜하지 않다."(『관료제』, 97~98쪽)

"교(황)권 기계"라는 번역어에 작은 윗글자로 덧붙여 놓은 머신machine이라는 낱말은 베버가 사용하는 영문 표현 '머신'의 흔적을 새겨 두기 위한 것이다. 베버와의 관련에 대해서는 미주 19, 24, 25번 참조.

6 "가톨릭 정치의 탄력성Elastizität". 그 탄력성이란 신축성·유연성·융통성·회복력 등의 의미 성분을 함께 갖는다. "elasticity"(E); "elasticidad"(S); "伸縮自在性"(J).

7 "사유재산권의 신성성을 대리하는 부르주아는 여전히 그들 볼셰비키를 법 바깥에 서 있는 범죄자 집단으로 본다." 이 한 문장은 "법 바깥에hors la loi"라는 프랑스어 표현을 매개로 다음과 같은 한 문장과 조응될 수 있다: "십자가 처형은 노예와 법-바깥으로-내버려진 자들hors-la-loi-Gesetzte에 대한 정치적인 조치였다."(칼 슈미트, 『정치신학 2: 모든 정치신학이 처리되었다는 전설에 대하여』[1970], 조효원 옮김, 그린비, 2019, 156쪽)

8 "신新가톨릭적인neokatholische 문필가들". 구체제로의 보수적 회귀 운동, 온건주의, 진보적 자유주의 등과 상황에 따라 접합했던, 19세기 중후반 스페인 가톨릭의 특정 정치적 지향에 붙여진 경멸적인 명칭이 '신가톨릭Neocatólico'이다. 이는 뒤이어 본문에 나올 스페인의 가톨릭교도이자 '독재의 철학자' 후안 도노소 코르테스의 지지자들인 '도노시아노스'와 스페인의 언론인·정치가·변호사 칸디도 노세달의 지지자들인 '노세달리노스'로 결성된 안티-자유주의·공화주의·민주주의 그룹으로 출발했다. 그런 시작점에서는 이른바 '반反혁명'의 기치 아래 '울트라몬타니즘

Ultramontanism[산-너머에서 온 자로서의 교황('파파 울트라몬타노')], 즉 세속적 권한과 교회의 영적인 권한 모두가 교황에 의해 관장되어야 한다는 교황권 제일주의와 우파적/전통주의적 정치가 결합되어 있었다.

9 영국의 낭만주의 시인 바이런이 로마를 두고 "자웅동체[적인]Hermaphro-ditische"라고 썼던 것은, 그의 '파우스트적 드라마' 「기형적인 변신」에서였다. 1527년 신성로마제국 황제 카를 5세의 군대가 로마를 침공하고 약탈을 자행하던 때의 로마 성벽 앞, "피로 넘쳐나는 길"을 지나온 "아널드"에게 "시저Cæsar"가 하는 대사의 일부가 그 출처이다: "성sex을 바꾼, 왕홀 들지 않은, 제국의 자웅동체Hermaphrodite."(George Gordon Byron, *The Deformed Transformed: A Drama*, London: Printed for J. and H. L. Hunt, 1824[듀크대학교 도서관 공개 스캔본], p. 40.) 이 구문에 대한 후대의 주석은, 정치적·군사적 강국일 때의 남성적 로마와 영적인 신성한 강국일 때의 여성적 로마가 로마의 암수 양성체를 이룬 것으로 제시한다.

10 "*상충되는 것들 간의 연접결합complexio oppositorum*"은 소크라테스 이전 철학에서부터 신학자·법학자·철학자·광학자인 니콜라우스 쿠자누스의 『박학한 무지De Docta Ignorantia』[1440], 칼뱅, 칸트, 헤겔, 현대의 종교학, 유대(신비)학 등등, 다양한 맥락에서 공통되게 사용된 개념이다. 이는 슈미트가 세상을 떠난 뒤에 열린 특별 세미나 자료집의 제목으로도 사용되었다. *Complexio Oppositorum: Uber Carl Schmitt. Vorträge und Diskussionsbeiträge des 28. Sonderseminars 1986 der Hochschule für Verwaltungswissenschaften Speyer*[콤플렉시오 오포시토룸: 칼 슈미트에 대하여. 1986년 제28회 슈파이어 행정과학대학 특별 세미나 토론에 대한 강연 및 기고문], Helmut Quaritsch (hrsg.), Berlin: Duncker, 1988.

11 "권위적 독재의 가차 없는 철학자" 도노소 코르테스. 그는 1848년 프랑스 2월 혁명, 즉 루이 필리프의 왕정을 끝내고 프랑스 제2공화국이 성립되게 만든 혁명(저 루이 나폴레옹이 대통령으로 선출되는 혁명)에서 위기를 느꼈고, 생애 전반기 자유주의적 성향에서 독재의 옹립으로 전향한다. 1849년 1월, 마드리드 의회에서 「독재에 관한 연설」을 하면서 프랑스 2월 혁명이 유럽문명을 파괴할 것이며 가톨릭이야말로 반혁명의 근거지임을 역설했다. 사망 직전 몇년간 베를린과 파리 주재 스페인 대사로 있었다. 본문에도 나오는 교황권 제일주의자 "루이 뵈요"의 청탁

으로『가톨릭주의, 자유주의와 사회주의에 대한 에세이: 기본 원칙에 따른 검토*Ensayo sobre el catolicismo, el liberalismo y el socialismo: considerados en sus principios fundamentales*』를 써서 자유주의와 사회주의를 '독재'의 관점에서 비판했다.『정치신학』의 마지막 챕터「반혁명Gegenrevolution 국가 철학에 관하여: 드 메스트르, 보날, 코르테스』의 한 대목을 인용해 놓는다: "자유주의는 모든 정치 문제를 일일이 토론하여 협상 자료로 삼는 것과 마찬가지로 형이상학적 진리까지도 토론으로 해소하려 한다. 그 본질은 다음과 같은 기대를 갖고 하는 협상이며 어정쩡함이다. 즉, 결정적 대결, 피비린내 나는 결전을 의회의 토론으로 바꿀 수 있고 영원한 대화를 통해 영원히 유보 상태에 머무르게 할 수 있다는 기대 말이다. 자유주의는 이런 기대를 하면서 수다를 늘어놓는 셈이다. / 이런 토의의 대극점에는 독재가 있다. 코르테스의 정신에는 어떤 경우라도 극단적 사례를 상정하고 최후의 심판을 기다리는 결단주의적 태도가 깃들어 있다. 그래서 코르테스는 한편에서 자유주의자를 경멸했고, 다른 한편에서 무신론적이고 무정부주의적인 사회주의를 불구대천의 적으로 삼음과 동시에 이를 존경하여 그것의 악마적 위대함을 인정했던 것이다."(칼 슈미트,『정치신학: 주권론에 관한 네 개의 장』, 김항 옮김, 그린비, 2010, 86~87쪽) 드 메스트르, 보날은 코르테스가 파리 망명 시절에 저작으로 접한 이들이다. "이념사"적인 검토를 위해 그 챕터의 첫 단락을 인용해 놓는다: "독일 낭만주의자들에게 고유한 본원적 관념이 있다. 바로 '영원한 대화'가 그것이다. 노발리스나 뮐러는 이를 자기 정신의 진정한 실현태로 간주하여 반복한다. 가톨릭계 국가철학자들은 보수적이고 반동적이었으며 중세적 세계를 이상화하고 있었기 때문에 독일에서는 낭만파로 불리고 있지만, 드 메스트르, 보날, 도노소 코르테스 등에게 영원한 대화 따위는 아마도 처참한 희극이 불러일으키는 환상이었으리라. 왜냐하면 이들의 반혁명적 국가철학을 특징짓는 것은 시대가 결정을 요구하고 있다는 의식이기 때문이며, 이 결정의 개념이 1789년과 1848년의 두 혁명 사이에 극한의 임계까지 다다라 그들 사유의 한가운데에 유입되기 때문이다. 19세기 가톨릭 철학이 정신적 현재성을 드러내는 곳에는 언제나 그 어떠한 타협도 필요치 않는 위중한 양자택일이 요청된다는 사상이 어떤 식으로든 타나난다. 가톨릭과 무신론 사이에 매개물은 없다고 뉴먼도 말한 바 있다. 모든 것이 위중한 양자택일을 형성하며 그 엄격함은 영원한 대화라기보다는 독재의 울림을 갖는 것이다."(74쪽) 이에 맞물린, 본문 속의 "낭만주의"와 관련해서는 미주 12번과 20번 참조. "가톨릭"(도노소 코르테스 및 "최후의 심판")과 "무신론" 사이의 대립적 맥락, 곧 "인류사에 대한 전형적인 비유는 오늘날 가톨릭과 무신론적 사회주의 사이에 벌어지고 있는 피비린내 나는 결전에서 찾을 수 있다"(81쪽)는 『정치신학』에서의 특정 맥락은, 여기 본문 마지막 부분의 바쿠닌 관련 대목 및 미주 40번 참조.

슈미트는 전후 냉전 초기, 새로 쓴 도노소 관련 글 한 편과 위의 『정치신학』 마지막 챕터, 「바이마르-제네바-베르사유 1923~1939년 사이에 행해진 투쟁의 입장들과 개념들」[1940]에 수록했던 1920년대 후반의 도노소 관련 두 편을 묶어 단행본으로 재출간했다. 『전全 유럽적 해석 속의 도노소 코르테스』[1950].

12 "마르키온의 이것이냐-저것이냐Marcions Entweder-Oder". 마르키온의 생애에 대한 간략한 설명은 다음과 같다: "마르키온[100?~160?]은 시노페(폰투스)의 한 기독교 가문 사람이었다. 그의 출생과 사망년도는 알려지지 않았다. 서머나의 폴리캅과 충돌했던 자기 고향 소아시아 교회에서 잠깐 동안 교회적-신학적으로 활동한 이후, 그는 자기 배를 타고 로마로 왔다(그도 자신의 아버지처럼 원래는 선주였다). 여기서 그는 기독교 공동체에 소속되어 가난한 자들을 돌보기 위해 꽤 많은 재산을 바쳤다는 정도가 그에 관해 확실히 알 수 있는 부분이다. 그는 (실종되고 만) 그의 책, 일종의 '신약성경 입문' 식의 『안티테제들Antithesen』을 저술했고, 자기가 생각할 때 원래이고 가필되지 않은 '사도적' 문서를 만들어내었다. 하지만 그는 그곳에서 곧바로 성직자와 치열한 논쟁을 치렀고 결국 144년에 축출, 마르키온식의 대항 교회를 세우게 되었다. 이 교회는 제국교회 시절까지 공교회를 맞상대하는 교회로 존속했다."(A. M. 리터 편집, 『고대 교회: 교회와 신학의 역사 원전』, 공성철 옮김, 2006, 한국신학연구소, 79쪽. 번역은 손질함.)

자기 방식의 정전正典[canon/正經] 구성을 위한 교리적 정통성 근거, 그것이 담긴 마르키온의 저작은 이단으로 파문됨과 동시에 분서焚書당했고, 그 내용은 마르키온 이후 교부들의 반론들 속에 흔적으로 남아 있다. 예컨대 그 대표는 테르툴리아누스[160~220]의 『마르키온 논박Adversus Marcionem』이다. 『정치신학 2』의 슈미트에 의해 심대한 의미를 가진 법학자/신학자로 다시금 자리매김되기도 했던 테르툴리아누스, 그의 마르키온 비판을 한글 발췌역 속에서 일부 인용해 놓는다: "마르키온의 모든 주석적 노력은 『안티테제들』을 통해 준비된 것으로서 오직 하나에 집

중하고 있음이 분명하다. 즉, 그는 구약과 신약의 차이처럼 자신의 그리
스도는 창조주와는 멀리 동떨어져 있으며, 다른 신에 속하고, 율법 및
선지자들과는 아무 일도 함께 하지 않았다는 점을 명확히하고자 했다.
[…] 마르키온은 [다음과 같은 구분을] 주장하였다. 티베리우스 시대, 그
때까지는 알려지지 않은 신으로부터 만인의 구원을 위해 나타난 그리스
도와, 창조의 신이 유대교를 옛 지위로 회복시키고자in restitutionem Iudaici
status 언젠가 한번 오게 할 그자, 그 둘을 구분해야 한다고 주장한 것이다.
마르키온은 그 둘의 분할을 정의와 악, 율법과 복음, 유대교와 기독교 사
이의 차이와도 같이 크고도 완전히 상반되는 것이 되게 하였다."(테르툴
리아누스, 「마르키온 논박」, 『고대 교회』, 80쪽. 번역은 손질함.)
그런 '구분' 혹은 "마르키온의 이것이냐-저것이냐"(이는 키르케고르의
『이것이냐-저것이냐Enten–Eller』[1843]의 반복 속에서 행해지고 있다)의
양자택일적 구분이 슈미트가 말하는 마르키온과 가톨릭 교회의 차이,
혹은 마르키온에 대한 가톨릭 교회의 응답인 "이것뿐만-아니라-저것도
Sowohl-Als-Auch"를 달리 표시해 준다
슈미트의 마르키온 언급이 있기 2년 전, 마르키온 연구의 고전이 될 작
업이 출간되어 있었다. 단연 압도적인 그 저작은 신학자 하르나크의 것
이다. Adolf von Harnack, *Marcion: das Evangelium vom fremden Gott*[마르키온:
이방 낯선 신으로부터의 복음], Leipzig: J. C. Hinrichs Verlags, 1921.

13 인용부호가 붙은 "천성적인 악함»von Natur bösen«"과 "천성적인 선
함»von Natur guten«"이라는 "대립 관계". 이를 두고 슈미트가 아나키즘
적인 교칙들 일반이 소급되는 지점이라고 비판한 것은, 그 교칙들이 다
름 아닌 '정치적 낭만주의'에 침윤된 것임을, 낭만주의의 의미혼란에 빠
진 것임을, 그렇기에 정치적 무질서의 한 가지 원천임을 달리 표시하는
것이라고 할 수 있다. 『정치적 낭만주의』[1919]의 출발점에 놓인 문장들
을 인용해 놓는다. "낭만주의는 '인간은 선천적으로 선하다'는 명제로 환
원될 수 있다"; "근본적인 규정을 필요로 하는 말이 [오히려] 더 다의성
을 띠게 되어 [논의는 곧잘] 말싸움으로 번진다. 이러한 혼란 속에서 어
떤 객관적 해결책을 찾으려는 사람은 얼마 못 가 자신이 영원한 대화와
출구 없는 수다 속에 휩쓸려 있음을 깨닫게 된다."(칼 슈미트, 『정치적
낭만주의』, 조효원 옮김, 에디투스, 2020, 6쪽; 5쪽)

14 "트리엔트적인 도그마Tridentinischen Dogma". 그것은 "예 또는 아니오"

의 양자택일 아닌 것으로['이것뿐만-아니라-저것도'의 성분을 가진 것으로] 제
시된다. 그 도그마, 혹은 트리엔트 공의회(1545~1563년)의 교령들은 프
로테스탄트 종교개혁의 의지를 단죄·파문하고 유럽을 다시 가톨릭화하기
위한 반작용이었다. '누가 이단인가'라는 인격적 특정이 아니라 '무엇이
이단인가'라는 이단의 한계 설정이 종교개혁의 의지에 맞선 가톨릭적
재질서화의 방법으로 설정됐다(그런 구분은 신학자 한스 큉의 것이다).
그 도그마가 '예 또는 아니오'가 아니라 "적용"에서의 "여러 단위들과 적
응력을 허용"하는 것이라는 지적을 그런 맥락에서도 먼저 새겨 둘 수 있
을 듯하다. 트리엔트 이후 300년이 지나 개최되었던 것이 1870년의 바
티칸 공의회이며, 거기서 트리엔트의 교령들은 여전히 '유효'한 것으로
서 다시 공표되었다.

15 "교황의 무오류성Unfehlbarkeit"이란 그리스도의 직계 사도 베드로, 그
'반석[페트라]'을 이어 정초하는 후계자로서의 교황이 신앙 및 도덕과 관
련해 아무런 교리적 오류를 저지르지 않는다는 정식이다. 사적인 장
소에서의 교황의 개인적인 말이 아니라, 이른바 '장엄 교도권Solemn
Magisterium', 즉 교황의 옥좌에서 공식적으로 선포한 내용의 무오류성
을 뜻한다. 1870년 7월 바티칸 공의회의 비오 9세에 의해 공식화됐다.
아퀴나스를 비롯한 신학자들의 선행 논리가 있었고, 신약의 여러 대목
들 중 다음 문장들은 교황의 무오류적 절대권, 그 사목적 교도권의 신성
을 표시한다: "또 나는 베드로 너에게 하늘나라의 열쇠를 주겠다. 그러
니 네가 무엇이든지 땅에서 매면 하늘에서도 매일 것이고 네가 무엇이
든지 땅에서 풀면 하늘에서도 풀릴 것이다."(「마태복음」 16장 19절) 이
대목은 이후 본문에 다시 나올 "도스토옙스키의 대심문관"이 『카라마조
프의 형제들』에서 인용했던 것이기도 하다.

16 인용부호가 붙은 "더 상위의 제3자»höheren Dritten«". 이는 가톨릭주의
자 "괴레스"의 『기독교 신비주의』 제1권에 나오는 키워드의 조합으로 보
인다(Joseph von Görres, Die christliche Mystik, Volume 1. Manz, 1836). 가톨
릭과 개신교를 "종합"하는 어떤 신비한 상위자의 이름으로, 혹은 가톨릭
교회의 "이것뿐만-아니라-저것도"와 합류하는 것으로 일단 읽힌다. 그러
하되 그 '제3자'와 관련해 조금 뒤에 이어지는 문장은 다음과 같다: "가
톨릭 교회란 결코 독일의 자연철학과 역사철학이 말하는 '더 상위의 제
3자'(좌우간 언제나 부재중인 것)가 아니며 그것과는 다른 무엇이다. 안

티테제들의 자포자기도, 진테제의 환상적 교만도 가톨릭 교회에는 알맞지 않다."

"더 상위의 제3자"는 이른바 '영원한 대화와 출구 없는 수다'에 휩쓸리는 낭만주의의 도피처이자 완성의 보증자이기도 했다: "여러 가지 '참된 원인들'이 뒤섞여 작용한다고 주장하는 기연機緣(occasio)주의는 모든 사람을 상대로 자신의 참된 본성을 속이려는 것일 수 있다. 하나의 실재에서 다른 실재로 계속 도피하는 것이 기연주의다. 기연주의는 '더 높은 제삼자'를 향해 도피한다. 이것은 필연적으로 먼 것, 낯선 것, 다른 것을 기연주의적 방식에 따라 포괄한다. 끊임없이 다른 분야로 방향을 꺾는 과정에서 '더 높은 제삼자'는 그 스스로가 완전히 다른 것 또는 낯선 것으로 바뀌어 결국—전래의 신에 대한 표상이 추락했을 때—다른 것과 낯선 것이 숫제 참된 것, 더 높은 것과 하나로 통일되기에 이른다. 이때 비로소 낭만주의는 완성된다."(칼 슈미트, 『정치적 낭만주의』, 146쪽)

이 "제3자"론을 스치고 지날 수 있는 의미의 접선으로는, '파르티잔'과 상호작용하는 제3자, *"이해 관심을 가진 제3자interessierten Dritten"*이다. 그것은 자의字意에서 [우연히] 겹치며, 마음먹기에 따라선 그 겹침 위에 슈미트의 2차 대전 시기 광역 질서론에서의 열강(=제3자)에 대한 비판을 덧댈 수도 있을 것이다('이해 관심을 가진 제3자'는 작가 롤프 슈뢰어스의 1961년도 저작 『파르티잔: 정치적 인류학을 위한 기여』에서 슈미트가 인용한 것이다: Carl Schmitt, *Theorie des Partisanen. Zwischenbemerkung zum Begriff des Politischen*[파르티잔의 이론: 정치적인 것의 개념에 대한 삽입주], Berlin: Duncker & Humblot, 1963, p. 78.)

17 "'영점[(차이의 인식이 일어나지 않는) 무작용점]'을 가진 양극"이라는 문구는 셸링의 저작 『나의 철학체계에 대한 서술』[1801]에 제시된 것으로, '영점/무작용점 Indifferenzpunkt'은 자연철학(자연)과 선험철학(정신)이라는 '양극'을 확고하게 종합할 수 있는 동일화의 힘이자 작용의 관점을 가리킨다. 슈미트는 셸링의 그 문구를 "사변철학적 형이상학자들" 또는 "가톨릭 신자가 된 낭만주의자"가 "종합"을 위해 택하는 상위적·유기적 관점의 "문제적 찢김과 심오한 미결정성"을, 사변적 무결정력을 비판하기 위해 전용하고 있다(이와는 달리 "절대군주"와 "중상주의"의 연계 상태에서 슈미트는 "독재와 아나키 사이 어딘가에 위치해 있는 영점 위의 정치적 상태에 대한 길잡이"를 보기도 한다). 그들 "사변적 구성자들"은 1932년판 『정치적인 것의 개념』 속에서는 "소비-생산협동조합"과 맞물리게 될 것이

다: "문화적인, 세계관적인, 또는 그 밖의 다른 어떤 방식으로 '더 지고한' 통합을, 그러하되 동시에 무조건적으로 비정치적인 통합을 형성하고자 한다면, 그것은 윤리와 경제라는 양극 사이에서 영점Indifferenzpunkt[무 작용점]을 구하는 소비-생산협동조합이 될 터이다."(Carl Schmitt, *Der Begriff des Politischen*, München/Leipzig: Duncker & Humblot, 1932, pp. 45~46.)

18 인용부호가 붙은, "인간이 고통을 안고서는 갈 수 없는»der Mensch nicht hinkommt mit seiner Qual«" 보존구역. 프리드리히 실러의 『메시나의 약 혼녀』[1803]에 나오는 이 구절을 슈미트는 "기술의 왕국에 맞선 안티테 제"를 표시하는 것으로서 인용한다. 실러의 원래 문장은 다음과 같다: "인간이 고통을 안고서는 갈 수 없는 세계란, 그 어디든 완전무결한 것 으로 있다."(Friedrich Schiller, *Die Braut von Messina, Sämtliche Werke, Band 2*, München: Hanser, 2004, p. 904.)

19 "직업적인 일Berufsarbeit[소명에 따른 일]"과 인용부호가 붙은 "현세적 금 욕주의»innerweltlichen Askese«[세계 내적인 금욕]". 이것들 모두 베버에게 서 연원한다. 『프로테스탄티즘의 윤리와 자본주의 정신』[1920]의 제2 장 '금욕적 프로테스탄티즘의 직업 윤리', 그중 제1절 '세속적[현세적] 금 욕주의의 종교적 토대'는 다음과 같은 문장들로 마무리된다: "우리의 고 찰에서 결정적인 의미를 갖는 것은 언제나, 지금까지의 논의를 다시 한 번 요약하자면, 모든 교파는 거듭 종교적 '은총 상태'라는 것을 인간을 피조물의 타락성과 '세속'으로부터 분리시키는 일종의 신분으로 파악했 다는 사실이다. 그런 신분의 획득은 주술적·성례전적인 수단이나 고해 를 통해서가 **아니라** 오직 '자연적' 인간의 생활양식과는 확연히 구별되 는 특별한 종류의 품행으로 말미암은 **확증**을 통해서 보장될 수 있었다. 이로부터 각 개인은 실천적인 삶의 방식 속에서 자신의 은총 상태를 **조 직적으로 검증**하고 그것을 통해 **금욕주의적으로** 관철된 실천적 삶의 방식 을 추구할 동인을 얻을 수 있게 되었다. 그런데 그런 금욕주의적 생활양 식은, 앞에서 살펴본 대로, 신의 의지를 지향하고 그것에 입각해 개인의 현존재 전체를 합리적으로 형성하는 것을 의미했다. 이러한 금욕주의는 더 이상 잉여 공로의 업적opus supererogationis이 **아니라** 자신의 구원을 확 신하기를 원하는 모든 사람에게 요구되는 실천 행위였다. 이리하여 종 교적으로 요구되는, '자연적' 삶과 구별되는 성도들의 특별한 삶이——이

것이 결정적이다——이제는 더 이상 세속 바깥의 수도원 공동체에서가 아니라 세속과 그 질서 **안에서** 진행되었다. 이처럼 내세를 지향하면서 세속적 생활양식을 **합리화한** 것이야말로 금욕주의적 프로테스탄티즘의 직업 개념이 낳은 결과였다. [...] 이제 기독교적 금욕주의는 더는 돌아갈 수 없도록 수도원의 문을 굳게 닫아 버리고 북적거리는 시정市井의 삶 가운데로 들어가 바로 그 세속적인 **일상적** 삶에 자신의 조직적인 방식을 침윤시키기 시작했으며, 그럼으로써 그런 삶을 세속 **안에서** 합리적인 삶으로 변형시키기 시작했다."(막스 베버, 『프로테스탄티즘의 윤리와 자본주의 정신』, 김덕영 옮김, 길, 2010, 247~248쪽)

20 인용부호가 붙은 "테라[땅·흙·지구]주의»terrisme«". 이는 독일어에는 없는 표현이다. '테라terra'는 라틴어로 땅·흙·육지·지구를 뜻하며, 대문자 T로 표기되면 '땅의 여신'을 뜻한다. 영어판은 큰따옴표를 치고 이탤릭체로 표기한 다음에 대괄호를 쳐서 다음과 같이 번역했다: "terrisme"[loyalty to the land(땅을 향한 충절)]. 스페인어판은 큰따옴표 없이 이탤릭체로만 표기했다. terrisme. 일본어 번역은 土地信仰.

21 "루소주의Rousseauismus와 낭만주의Romantik". 인용부호가 붙은 "1789년에 취득된 성과들의 안락의자"에 앉은 그것들이 가톨릭교를 "골동품"으로, "상대주의적 부르주아지의 소비재"로 만든다는 비판의 방향성은 『정치적 낭만주의』에서 앞질러 제시됐었다: "고전주의 시대의 신학적 표상들을 계속 고수하던 드 메스트르는 초현세적인 섭리의 권능 앞에서 개인은 아무 의미도 갖지 못한다고 생각했다. 우리 모두를 다스리는 섭리의 손아귀에서는 제아무리 드센 혁명의 영웅이라 해도 한낱 꼭두각시일 뿐이다. 위대한 체계의 사상가 보날은 이미 1796년에 굉장히 단호한 어조로 문제의 핵심을 찔렀다. 즉, 문제는 [...] 역사적 활동의 주역이란 개인 또는 개인들로 구성된 대중이 아니라, 역사 속에서 살아가며 특정한 법칙에 따라 스스로를 구성하는 사회다. 개인[의 인격]은 사회에 의해 비로소 구성되는 것이다. [버크, 드 메스트르, 보날] 세 사람은 [계몽주의와 진보를 신봉하는] 형이상학자들과 철학자들, 특히 루소를 격렬하게 배척했다. 세 사람은 합리주의적 원칙에 기댄 개인들의 활동은 아무것도 창조할 수 없으며, 세상의 자연스러운 이치를 저지, 방해, 파괴할 뿐, 지속적인 것을 생산하지 못한다는 생각에서 일치했다."(『정치적 낭만주의』, 172쪽)

22 인용부호가 붙은 "전력이 공급되는 지구»elektrifizierte Erde«". 이는 1920
년 11월 21일 자 레닌의 연설 「우리들의 대외적-대내적 정치 상황과 당
의 과제」에 연결되어 있다. 독일어로 번역된 그 말의 원래 문맥은 다음
과 같다: "코뮤니즘[공산주의]이란 소비에트 권력에다가 국토 전체의 전
력공급을 더한 것Sowjetmacht plus Elektrifizierung des ganzen Landes입니
다."(W. I. Lenin, *Werke, Band 31*, Berlin: Dietz, 1966, p. 414) 레닌의 이 말
["Коммунизм есть Советская власть плюс электрификация всей стран
ы"]은 소비에트 권력의 첫해에 채택된 국책 '고엘로ГОЭЛРО[러시아 전력
보급화를 위한 국가계획]'를 집약하며 이후 스탈린, 오스트리아 공산당, 북
조선 공산당에 의해 명시적으로 인용되었다.

23 르낭의 말: "로마의 모든 승리는 이성의 승리이다Toute victoire de Rome est
une victoire de la raison". 이 문장은 르낭의 『마르쿠스 아우렐리우스와 고
대 세계의 끝』(Ernest Renan, *Marc-Aurèle et la Fin du monde antique*, Paris:
Calmann-Lévy, 1882) 31장 '기독교가 승리한 이유'에서 조합된 듯하다.
자본주의하의 경영자들과 공산주의자 레닌이 공통된 이상을 갖는다는
것, 그 근원을 이루는 경제주의적 합리성과는 다른 가톨릭교의 "특별한
합리성"을 보증하기 위해 인용-조합된 것이며, 같은 맥락에서 르낭 뒤에
곧바로 뒤이어지는 것이 과학철학자 뒤엠과 베버이다.

24 슈미트의 베버가 말하는 '로마 가톨릭교와 정치적 형식', 달리 말해 "법
적인juristisch 것"으로서의 "합리주의"와 "제도적 층위"는 이후 『정치신
학 2』에서 명시적으로, 길게-표나게 인용되어 있다. 슈미트의 문장과 베
버로부터의 인용문을 함께 제시해 놓는다:

　　여기서는 막스 베버의 대표적인 견해 하나를 인용하는 것으로 만족
　　하자. 이 견해는 내가 1923년 로마 가톨릭주의에 관한 시론에서 베버
　　의 이름을 언급했을 때 염두에 두었던 것이기도 하다. **막스 베버**는 "다
　　른 어떤 종교법도 만들어내지 못한 **합리적인 법령**Satzung을 창조해낸
　　것은 다름 아닌 로마 교회의 법"이라는 사실을 상기시킨다. 심지어 로
　　마법도 그러한 법령에 대해서는 알지 못했다는 것이다. 이어서 그는
　　다음과 같이 적고 있다.

　　　가톨릭의 경우 모든 것이 로마 교황청 중앙 관청의 통제 아래 들어

가며, 여기서 구속력 있는 윤리적·사회적 규범들이 개선될 수 있었던 것은 오직 그들의 명령 체계가 더할 나위 없이 탄력적이었기 때문이다. 이를 통해 종교법과 세속법 사이에 미증유의 관계가 생성되었다. 즉 교회법이 세속법을 합리성의 길로 이끄는 영도자가 된 것이다. 게다가 이는 가톨릭 교회가 가진 합리적 "제도"로서의 성격 덕분이기도 했는데, 이 역시 다른 어느 곳에서도 볼 수 없는 것이었다. (『경제와 사회』, 제4판, pp. 480~481.)

위 문장들의 출처는 『정치신학 2』, 135~136쪽. 그렇게 슈미트가 인용한 베버, 다시 말해 가톨릭의 '명령 체계'가 가진 '탄력성'에 관한 베버의 언급은 본문에 앞서 나왔던 한 문장과도 공명한다: "실제로도 가톨릭 정치의 탄력성은 놀랍다."

25 가톨릭 교회의 합리주의란 "제도적 층위에 있고 본질적으로 법적인 것"이며, "그것의 위대한 성과는 성직자 직분을 정돈된 직위[공무적 위계 서열]로 만들었다는 점"이라는 지적, 그런 직위가 "카리스마에 예속되지 않게끔 만들어진 것"이라는 언급은 이후 본문에서 "가시적인 제도"라는 말로 달리 집약된다. 이 의미연관은 1917년에 작성된 에세이 「교회의 가시성」에서 연원한다: "가시적인 교회는 언제나 공식적인 것인바, 그것에 본질적인 일은 종교적 은사와 기능을 직위들 속에서 변형하는 것, 직위를 차지한 우연적 인물로부터 그 직위를 분리하는 것이다. […] 일일이 순간순간마다 교회를 대리하는 권력을 가진 개개의 인물들 및 조치들은 가시적인 교회와 동일한 게 아니다. 그렇지 않다면, 단순하게 사실적인 것이 다시금 법이 되어 버릴지도 모른다."(Carl Schmitt, »Die Sichtbarkeit der Kirche: Eine scholastische Erwägung,« in: Franz Blei/Jakob Hegner (Hrsg.), *Summa*, Heft 2, 1917/1918, p. 76.) '교회의 가시성'에 대해서는 미주 39번 참조. 이 가톨릭 계간지 『숨마』[대전(大全)] 제2호에 실린 「교회의 가시성」 속 '권력'과 '법'의 관계는 『숨마』 제1호에 실린 「법과 권력」(이는 1914년 출간된 슈미트의 교수자격 취득 논문 「국가의 가치와 개인의 의미」 1장으로 배치되어 있던 것이다)에서 다뤄졌다. 「교회의 가시성」은 「권력과 법」, 4호에 실린 「브리분켄: 역사철학적 초안 하나」 사이에 놓여 있다.

본문의 "카리스마Charisma"란 당연히 막스 베버에게서 연원한다: "**카리스마**란 한 개인의 비일상적인 것으로 (본래 예언자뿐만 아니라 치료사,

판관, 사냥 지휘자, 전쟁영웅 등의 경우에도 주술에 의해 생겨난 것으로) 간주되는 자질을 말한다. 이 비일상적인 자질 때문에 그는 초자연적이거나 초인간적인 또는 적어도 특히 비일상적인—아무나 지닐 수 없는—능력이나 특성을 갖추었다고 평가받거나 아니면 신이 보냈다고 평가받으며, 또는 모범적이어서 **지도자**로 평가받는다. 물론 이때 문제의 그 자질이 윤리적인 관점, 심미적인 관점 또는 그 밖의 관점에서 객관적으로 올바르게 평가되는 것인지는 개념상 전혀 중요하지 않다. 오로지 중요한 것은 그 개인이 카리스마에 복종하는 자들, 즉 **지지자들**로부터 실제로 어떻게 평가받는가이다."(막스 베버, 『카리스마적 지배』, 이상률 옮김, 문예출판사, 2020, 9~10쪽)

슈미트가 카리스마에 복속되지 않는 "[다른] 위엄"을 갖게 된다고 정의한 가톨릭의 성직-제도를 두고 베버는 "직위 카리스마"(102쪽)라고 앞질러 표현했다. 이를 설명하는 베버의 다음 한 대목은 슈미트의 본문 한 문장("그 정돈된 직위는 끊어지지 않는 사슬의 연쇄 속에서 그리스도의 인격 및 인격적 위임의 상태로 거슬러 올라가게 되는 것이다")의 선행 형태라고 할 수 있다: "카리스마를 세습 재산으로 취급하는 것은 카리스마의 '객관화'를 나타내는데, 이 카리스마의 '객관화' 외에도 역사적으로 중요한 다른 종류들이 있다. 우선은 인위적인 (즉 주술에 의한) 전승 가능성이 피를 통한 전승을 대신할 수 있다. 주교 서품이라는 조치를 통한 사도 '전승'[apostolische Sukzession], 사제 서품식을 통해 획득된 지위지지 않는 카리스마 자격, 왕의 대관식과 성유식[聖油式]의 의미, 원시민족이나 문화민족에게서 발견되는 그 밖의 수많은 유사한 절차들은 모두 그러한 전승 방식에 속한다. 실제로 중요한 것은 대부분 형식이 되어 버린 상징 자체가 아니라 많은 경우 이 상징과 연결된 관념, 즉 **직위**(이것은 안수, 성유식 등에 의해 획득된다)의 소유 자체와 카리스마의 결합이다. 왜냐하면 여기에 카리스마가 **제도**로 전환되는 독특한 과정이 있기 때문이다. 지속적인 조직과 전통이 카리스마를 지닌 인물의 계시나 영웅성에 대한 믿음을 대신하기 때문에, 카리스마는 사회 조직 자체로 고착된다."(『카리스마적 지배』, 103~104쪽)

본문 속 '카리스마'의 대조적 의미 구성은 『정치신학 2』에서 변주된다: "테르툴리아누스는 교회가 제도화되는 결정적인 순간에 **순교자의 카리스마**를 고수하였으며, 카리스마 일체를 직무[직위]-카리스마로 완전히 탈바꿈시키는 것에 반대했다. 이때는 성 키프리아누스가 '교회 바깥에 구원은 없다extra ecclesiam nulla salus'는 정식을 만들어낸 구원사적·세계

88

사적 시기이기도 했다."(『정치신학 2』, 139쪽)

26 "상트페테르부르크의 저녁Soirées de Saint-Petersbourg". 이는 드 메스트르의 프랑스어 저작명이 축약된 것이다: Joseph de Maistre, *Les Soirées de Saint-Pétersbourg ou Entretiens sur le gouvernement temporel de la Providence, suivies d'un Traité sur les Sacrifices*[상트페테르부르크의 저녁 또는 섭리의 현세적 통치에 관한 담화, 그것에 뒤이은 희생론], 2 vol, édit. Rodolphe de Maistre, Lyon et Paris: imprimeurs-libraires, 1821.

27 "공공의 안전salut public". 이는 "권력"과 "정치"가 요구하는 "타당성과 권위"의 근거로서 제시된다. 이 프랑스어 낱말은 프랑스 혁명 시기의 '공안위원회Comité de salut public'를, 그것과 결속된 '공안적 비상조치 mesure de salut public'를 환기시킨다. 이와 관련하여 『토머스 홉스의 국가학 그 속의 리바이어던』[1938]을 쓴 슈미트와의 인접성을 고려할 때 꼽아 두게 되는 것은 『리바이어던』의 「서문」속 한 문장이다: "*살루스 포풀리(인민의 안전), 그것이 리바이어던의 비지니스이다salus populi*(the peoples of safety) its *business*."(Thomas Hobbes, *Leviathan or The Matter, Forme and Power of a Commonwealth Ecclesiasticall and Civil*[리바이어던, 또는 시민적 코먼웰스와 교회적 코먼웰스의 재료, 형식, 힘], London: Andrew Crooke, 1651[스미소니언 연구소 공개 스캔본], p. 1.) 홉스와의 관련에 대해서는 미주 31번 참조.

28 "생산"의 "익명화", 혹은 "주식회사 및 '법적인' 인격을 덮어 가린 베일로 인해 구체적 인간의 책임을 물을 수 없게" 되는 상태는 다음과 같은 상태들과 반대된다. "경제적 상황에 근거한 권력이 정치적인 것이 될 때", "지배권을 획득한 자본가 또는 노동자가 국가적 대표의 모든 형태와 더불어 그 책임을 떠맡을 때." 다시 말해 비밀화된 "무대배경[별실] 뒤쪽 막후에서 행사되는 '자본'의 지배"가 '정치적인 것'을 무력화하는 시공간에서 '공공의 안전'은 해체될 것이며, 국가는 '내전의 불길'(홉스)에 휩싸여 소멸할 것이다. 그렇게 "책임"의 문제가 정치적인 것의 중핵에 놓일 때, 그것은 『토머스 홉스의 국가학 그 속의 리바이어던』에서 다음과 같이 변주된다: "보호할 수 없으면서도 복종을 청구하고 정치에 부수되는 위난을 떠안지 않은 채로 명령하고자 하며 책임을 다른 심급들에 떠넘기고서는 그 심급들을 매개로 [강]권력Macht을 집행하고자 하는 간

접권력_potestas indirecta._"(Carl Schmitt, _Der Leviathan in der Staatslehre des Thomas Hobbes: Sinn und Fehlschlag eines politischen Symbols_[토머스 홉스의 국가학 그 속의 리바이어던: 정치적 상징의 의미와 실패], Hamburg: Hanseatische Verlagsanstalt, 1938, p. 127.) 1938년도의 슈미트에게 홉스는 그런 '간접권력'에 대한 '투쟁의 교사'로 정의되었다.

29 "그리스도의 섭정(자)". 교황을 달리 표시하는 이 말의 원어는 "Statthalter Christi"이다. 선행 번역어는 다음과 같다: "Vicar of Christ"(E), "representante de Cristo"(S), "キリストの地上の代表者"(J). 원어 '슈타트할티'는 '대표(자)'가 아니다. '할티'는 관리자·목자·판관 등을 뜻하며 '슈타트'는 대신한다는 뜻이니, 축자적으로는 대리Statt-관리인halter(대신-관리함)이라는 뜻이다. 그 점에서 부목사副牧를 뜻하는 영어 번역 '비커'는 스페인어·일본어 번역보다 적확하다. 그러나 그런 사목의 뜻과 동시에 슈타트할티는 정치적 다스림·행정·관리의 대행 및 대행자를, 즉 섭정regent·총독viceroy[부왕副王]·태수 등을 본뜻으로 갖는다. 그같은 정치적 연관을 표시하기 위해 '섭정[攝政]'이라는 역어를 택했다. 섭정/슈타트할티는 아나키의 억지자를 표시하는 정치신학 용어로서의 '카테콘'의 독일어 역어 '아우프할티Aufhalter'와도 연계될 수 있을 것이다.

30 인용부호가 붙은 "제3신분, 그것은 국민이다»le tiers Etat c'est la Nation«". 시에에스의 이 한 문장—정확하게는 "제3신분, 그것은 완전한complète 국민이다"(『제3신분이란 무엇인가』[1789]의 1장 제목)—을 두고 슈미트가 "더 깊이 혁명적"이라고 말하는 맥락, 즉 시에에스가 "여러 신분들"의 "필요"라는 "이념"을 "사회질서를 위해 제거"했다고 말하는 맥락은 시에에스의 팸플릿 첫 페이지의 문장들에서 선언된 것이기도 하다: "이 글의 목차는 대단히 단순하다. 여기서는 세 가지 문제를 다루고자 한다. ① 제3신분이란 무엇인가? **모든 것**TOUT. ② 정치적으로 제3신분은 현재까지 무엇이었는가? **무**RIEN[無] ③ 제3신분은 무엇을 요구하는가? **무언가**QUELQUE CHOSE가 되는 것. […] 뒤이어 우리는 제3신분이 실제로 그 **무언가**quelque chose가 되기 위해 어떤 방법들을 시도하고 있는지, 또 어떤 방법들이 취해져야 하는지를 고찰할 것이다. 따라서 다음과 같은 내용을 논할 것이다. ④ 각료들이 **시도**했던 것과 특권 신분들이 자신들에게 유리하게 **제안**하고 있는 것. ⑤ 우리가 **행해야 할 것** ⑥ 마지막으로, 제3신분이 합당한 지위를 취하기 위해 행할 **나머지** 것들."(에

마뉘엘 조제프 시에예스, 『제3신분이란 무엇인가』, 박인수 옮김, 책세상, 2003, 15~16쪽. 번역어 및 표기 방식은 초판 원문에 비춰 손질함.)

31 "자동장치와 기계Automaten und Maschinen"는 "대표"하지도 대표되지도 않는다는 언급, 이에 곧바로 뒤이어지는 문장: "국가가 리바이어던 Leviathan이 될 때 그것은 대표의 세계에서 소멸한다". 이는 자동장치의 대표 불가능성에 구속된 국가상태로서의 리바이어던에 대한 비판이다. 자동장치로서의 리바이어던은 홉스 『리바이어던』의 「서문」에 제시되어 있다: "생동하게 보이는 것이란 팔다리의 움직임일 따름이고, 그 생명 안쪽에 있는 모종의 주요 부분에서 그런 운동이 시작되는 것이라고 할 때, **자동장치**Automata(시계처럼 스프링과 휠에 의해 그 자체로 움직이는 엔진) 일반을 가리켜 인공적 생명을 가진 것이라고 말하지 못할 이유가 어디 있겠는가? 심장이란 스프링일 따름이고, 신경은 수많은 끈들이며 관절은 숱한 휠들일 따름인바, 바로 그것들이 고안자의 뜻에 따라 신체 전체를 운동하게 만드는 게 아니겠는가?"(*Leviathan*, p. 1.)

자동장치와 기계에 맞세워지는, 즉 대표와 무관한 그것들에 맞세워지는 것이 "인격적 대표의 단일성"이고 그 속에 있는 "휴머니티"이다(혹은, 가톨릭 교회의 인격적 대표력이고 그 속에 있는 "치비타스 우마나 civitas humana[시민공동체적 인간/휴머니티]"이다). 다름 아닌 "인격주의 Personalismus"라는 낱말을 중심에 둘 때 슈미트는 이미 홉스적이다: "모든 분파주의자와 이단자들은 인격주의 속에 있는 대표의 사고가 가장 깊은 의미에서 인간적이라는 점을 보려고 하지 않는다."

32 인용부호가 붙은 한 문장, "그런 분리는 시를 위해서는 해로운 것이었다; 그것은 종교를 위해서도 좋지 않았다»The Separation has been ill for poetry; it has not been well for religion«. 이는 예술과 신성의 분리에 관한 성찰로서, 시인이자 가톨릭 신비주의자 톰슨이 시인 셸리에 대해 쓴 에세이로부터 인용되고 있다. 출처는 Francis Thompson, *Shelley: An Essay*, Portland, Me.: Thomas B. Mosher, 1909, p. 4. 시인이자 가톨릭 신비주의자였던 톰슨은 자신의 이 소책자 속 셸리론을 집약하는 에피그램으로서 서정시인이자 빅토리아 시대 연구자인 스윈번의 문장을 인용해 놓고 있다. 그것은 슈미트의 본문 내용을 비추고 있는 것이기도 하다: "다른 모든 시인들보다 사랑받는 시인, 다른 모든 시인들 너머에 있는 시인—단 하나의 낱말로, 가장 적절한 낱말로 표현하자면—신성한divine 시인."

(Thompson, *Shelley*, p. 2.) 톰슨이 인용하지는 않았지만, 스윈번의 그 한 문장은 원래 다음과 같은 다른 한 문장으로 시작된 것이다: "셸리는 홀로 완벽히 노래하는 신이었다." 셸리는 에세이 『무신론의 필요성』[1811], 『시의 옹호』[1821], 시집 『이슬람의 반란』[1817], 『사슬에서 풀려난 프로메테우스』[1820], 비극 『첸치 일가』[1819] 등을 남겼다.

시와 신성의 분리가 시와 종교 모두에 좋은 일이 아니라는 톰슨의 말을 상찬한 다음에 뒤이어지는 슈미트의 한 문장: "현재의 상태는 종교와 관련하여 좋은 게 아닐 터이지만, 교회와 관련하여 죽음에 이르는 병 Krankheit zum Tode은 없다." 교회는 육체의 죽음에 이르게 하는 질병이 아니라 키에르케고르가 『죽음에 이르는 병』[1849]에서 말하는 '끝없는 절망', 곧 신과의 거리를 생생하게 자각하고 있을 때의 절망이라는 '무한한 영적 질병'을 다루기에 그렇다.

33 "결정적인 것은 전혀 토론적이지 않으며 이성적이지 않은 연설, 무릅쓰고 명명해 본다면, 대표하는 연설représentative Rede이다". 슈미트가 "결정적인 것das Entscheidende"이라고 말하는 "대표하는 연설"이란, 프랑스의 주교이자 신학자 [자크-베니뉴] 보쉬에"의 연설이 놓인 배치를 하나의 범형으로 삼은 것이다. 보쉬에는 1657년부터 루이 14세 왕가의 설교자이자 조언자로 활약하면서 프랑스 교회의 독립, 왕권신수설, 가톨릭적 보편사를 주장했다. 날카롭고 실수 없는 연설로 '레글러 드 모L'Aigle de Meaux[모의 독수리]'라는 별칭으로 불렸고, "아카데미 프랑세즈[프랑스 학술원에 속한 첫 번째 한림원]"의 회원이기도 했다. 본문의 다음과 같은 한 문장이 그런 맥락 속에서 제시되었다: "보쉬에를 텐의 범주로 파악할 수 있겠는가?"

34 인용부호가 붙은 "완전한 사회»societas perfecta«". 이는 교회법의 정당성의 근거로서, 아리스토텔레스(와 그를 직접 거론하는 아퀴나스)에게서 유력한 용례를 찾을 수 있다. 슈미트의 문장은 다음과 같다. "아리스토텔레스의 '완전한 사회societas perfectae'에 관한 학설이 교회와 [세속적] 세계를 두 종류의 완전한 사회로 분할하기 위해 활용됐던 그때부터—곧 13세기 이후부터—비로소 불행이 생겨난다."(Carl Schmitt, *Der Nomos der Erde im Völkerrecht des Jus Publicum Europaeum*, Köln: Greven, 1950, pp. 30~31. 『정치적인 것의 개념』 속에도 유사한 맥락의 문장들이 있다) 본문에서 '완전한 사회'는 가톨릭 교회가 전제하고 있는 것으로서, "이해

관계적 당사자-콘체른Interessenten-Konzern"에 반대되는, 혹은 인용부호
가 붙은 "탈정치화"에 반대되는 "정치적 국가"와 등가로 놓여 있다. 이
와 관련하여 예컨대 1878~1903년까지 재임했던 교황 레오 13세는 비
스마르크 문화 투쟁 이후인 1885년 교회와 국가 간의 관계를 규정한 회
칙들 중 하나(「불사의 신Immortale Dei」)에서 '교회의 본질·이름·목적이
갖는 신성한 권위'를 다시 확정했다. 그는 교회가 국가권력에 의존하지
않음을 거듭 천명했고, 이후의 회칙을 통해 적극적으로 사회주의 및 방
임적 자본주의를 거부하면서 '사회적 교황', '노동자의 교황'이라는 별칭
을 얻었다. 레오 13세에게 교회와 국가는 서로 간에 '완전한 사회'를 전
제로 하고 있는 두 주체였다. 본문에 뒤이어지고 있는 다음과 같은 한
문장을 그런 맥락 속에 놓아 볼 수 있을 것이다: "교회는 두 대표[교회와
국가]가 파트너로서 서로 대치해 있는 특별한 공동체 안에서 국가와 더
불어 살기를 원한다."

번역어와 관련해서는, 의미를 다시 새겨 윗글자로 표기했다. 낱말의 속
성이 달리 한번 구체화될 수 있기를 바라서였다: "완전한 사회societas
perfecta[통달된 공동관계]".

35 "오늘날 의회주의", 그것이 의거해 있는 "대표 원칙"과 관련해서 참고
가 될 만한 문장들은 다음과 같다: "공개성과 토론에 대한 신념이 오늘
날 시대에 뒤떨어진 것으로 보인다는 것 또한 나의 걱정이다. 따라서 의
회에 새로운 정신적 기초를 제공하는 새로운 논거 또는 확신이란 도대
체 어떤 종류의 것인가가 문제일 뿐이다. 물론 인간의 이념과 마찬가지
로 제도 역시도 전개 과정에서 변화한다. 그러나 토론과 공개성의 원리
가 실제로 붕괴한다면, 현대 의회주의가 새로운 기초를 어디에서 발견
할 수 있을지 그리고 의회의 진리와 정당함이 그런 경우에도 여전히 분
명할지를 나는 알지 못한다. 모든 위대한 제도와 마찬가지로 의회도 어
떤 고유한 이념들을 전제로 하고 있다."(칼 슈미트,『현대 의회주의의 정
신사적 상황』[1923], 나종석 옮김, 2012, 길, 11쪽)

36 인용부호가 붙은 "명령적 위임»mandat impératif«"이라는 대리 형태, 법
학자 옐리네크가 말하고 있는 "대의원"의 "양심에 따른 책임"이라는 대
의 형태. 이 둘에 맞세워지는 것이 가톨릭교의 교회라는 대표형식이다:
"교회는 시종일관 '위로부터»von oben«' 대표한다." 이와 관련하여, 다음
한 대목이 대표의 원칙으로서 전폭적으로 긍정되고 있는 게 아니라는

점을 지적해 놓고자 한다: "대의원은 인민 전체의 대리인이고, 따라서 선거 유권자들로부터 자립해 있는 위엄을 갖는다는 것, 그 위엄이란 (선거 유권자들 개개인으로부터 비롯되는 위엄에 속하는 게 아니라) 인민으로부터 비롯된다는 것." 이는 (바로 뒤, '양심에 따른 책임'만 지면된다고 옐리네크가 말하는 '대의원'과 더불어) 여기 남한의 대의제에도 해당되는 것으로서, 그 한 대목은 본문에서 옹립되는 가톨릭의 대표력을 온전히 가리킬 수 있는 게 아니다. 그 한 대목은 옐리네크로 대표되는 "독일 국가학", 그것이 발전시킨 "괴물 같이 괴이하면서도 까다롭게 뒤얽힌 학술적 신화"와 "대의원은 지시와 하명에 속박되지 않으며 오직 자신의 양심에 따른 책임만을 진다"는 옐리네크로부터의 인용 사이에 위치해 있다. 그같은 옐리네크적 대의원, 그 매개적 소수라는 '죽어 버린 이념'은 이후 1927년도 저작 『인민의 결정Volksentscheid[국민표결]과 인민의 발의Volksbegehren[국민청원]: 바이마르 헌법의 해석과 직접민주주의의 학설을 위한 기여』에서의 다수-인민의 "갈채Akklamation"라는 정치신학적 용어에 의해, 그리고 1928년도의 논문 「제국헌법 제48조에 따른 제국 대통령의 독재」속에서 [그런 갈채를 받는] 1인-독재의 "비상대권"론을 통해 땅에 매장될 것이었다. 그런 매장은 1922년도 『정치신학』속에서는, 바이마르 헌법의 기초자 후고 프로이스에 의해 행해졌다. 그는 옐리네크와 공법학자 라반트를 묶어 "그들의 주권 개념과 '국가의 단일한 지배권력' 이론이 모두 국가로부터 하나의 추상적인 준-개인, 즉 '특이한 단일체'를 만들며, '신비적 제작'으로 생겨난 지배권의 독점을 인정하는 것"이라고, "신의 은총을 법학적으로 변장시킨 것이자, 종교적 허구를 법적인 허구로 치환하여 변경한 것"이라고 비판했다(『정치신학』, 58쪽). 그런 맥락들은 1921년도 『독재』에서 제시된 옐리네크 "국가=기관Staatsorgan"설에 대한 비판에 뒤따른다. 슈미트는 옐리네크의 입론을 다음과 같이 요약하고 거부한다: "기관을 통해 단일 단위로 움직여지는 국가는 대개 그런 기관 활동을 통해 비로소 국가 의지로서 생성되지만 대표되는 것은 아니며, 그렇기에 국가 의지란 그 기관 활동 바깥에서는 전혀 있을 수 없는 것이라고 주장하는 국가 이론." 이는 "헌법 제정[헌법 분만]의 문제를 헌법 제정 기관의 조직화 문제로 만들어 버리는 것"으로 비판된다(Carl Schmitt, *Die Diktatur. Von den Anfängen des modernen Souveränitätsgedankens bis zum proletarischen Klassenkampf*[독재: 근대 주권 사상의 시작부터 프롤레타리아 계급투쟁까지]. Berlin: Duncker und Humblot, 1994, p. 138.) 이 맥락은 본문에서 비판되는 옐리네크의 "학술적 신화"

와도 관계될 것이다. 엘리네크에 대한 슈미트의 기본 입장은 1930년도 강연 「후고 프로이스」에서도 반복된다.

'명령적 위임'의 맥락은 루소로부터 연원한다: "주권은 양도될 수 없는 것과 같은 이유로 대표될 수 없다. 주권은 본질적으로 일반의지에 있으며, 의지는 결코 대표되지 않는다. 의지는 그 자체거나, 아니면 다른 것이다. 중간은 없다. 그러므로 인민의 대의원은 인민의 대표자가 아니며, 그럴 수도 없다. 그는 인민의 간사commissaires일 뿐이다. 대의원은 어떤 것도 최종적으로 결정할 수 없다. 모든 법은 인민이 직접 재가하지 않으면 무효이며, 그런 것은 절대로 법이 아니다."(장-자크 루소, 『사회계약론』[1762], 김영욱 옮김, 후마니타스, 2018, 117쪽) 슈미트는 앞서 제시한 시에예스의 1789년 연설 속 '명령적 위임'을 『독재』 속의 엘리네크 언급에 뒤이어 논하고 있다.

그 명령적 위임이 본문의 "프롤레타리아 평의회 시스템"과의 관련 속에서 제시될 때, 그것은 마르크스로부터 연원한다: "모든 지역의 농촌 코뮌들은 중심 도시의 파견 대표 회의에 의해 각자의 공통 업무를 관장하게 되어 있었으며, 이러한 지역 회의는 다시 파리의 전국 대표 회의에 대변인들을 파송하게 되어 있었고, 각 파견 대표는 언제라도 소환될 수 있었으며 자기 선거구민들의 명령적 위임mandat impératif에 의해 제약받는 것이었습니다."(칼 마르크스, 「프랑스 내전」[1871], 『프랑스 혁명사 3부작』, 임지현·이종훈 옮김, 소나무, 1991, 345쪽)

37 "에르푸르트 강령"은 비스마르크의 사회주의 탄압법이 폐지된 1890년 에르푸르트에서 개최된 독일 사회민주당 당대회 공동 합의문이다. 이 강령의 방향성은, 본문에서도 언급되는 "라살"의 입김이 강하던 기존 「고타 강령」을 마르크스·엥겔스의 이론으로 개정하려는 데서 시작했다. 기본 원칙 부분은 카우츠키가, 실천적 요구 부분(정치적 요구 10개 항과 사회적 요구 5개 항)은 베른슈타인이 마무리한 것으로 알려져 있다. 본문에 나오는 "사적인 것으로서의 종교라는 명제"는 그 실천적-정치적 요구의 10개항 중 제6항으로 설정된 것이다: "6. 사적인 것을 위한 종교를 선언함[종교를 사적인 것으로 선언함]. 종교 및 교회 관련 목적을 위한 공공적 수단으로서의 모든 자금 지출을 철폐함. 교회적이거나 종교적인 공동체는 그들 자신의 업무를 온전히 자립적으로 정돈하는 사적인 단체로서 존재함."(»Das Erfurter Programm«, *Das Kommunistisch Manifest*, Berlin: Verlag Gesellschaft und Erziehung GmbH, 1919, p. 33.)

38 "국가 안에서 판사가 적용하게 되는 법률은 내셔널한 전체를 통해 중매
[된다]". 이 맥락은 1912년도 저작 『법률과 판결: 법실무의 문제를 위한
연구』에서 앞질러 제시되었다. "국가-위에 그리고 주권-위에 있을 수 있
는 그런 권한을 가진 재판소." 이 맥락은 이후 '헌법재판소' 또는 '라이히
재판소Reichsgericht'를 둘러싸고 법학자 켈젠과의 논쟁으로서도 전개된
다(1931년도 저작 『헌법의 수호자』). 그런 맥락들을 집약하는 본문의 구
문으로서 "누가 주권자인지를 결정하는 권력"은 저 『정치신학』의 중핵
으로서 앞질러 제시되었다.

39 "그리스도를 사적인 개인으로 파악하는 것이 아니라, 그리고 기독교를
사적인 것이나 순수 내면성으로 파악하는 게 아니라 다름 아닌 가시적
인 제도sichtbaren Institution로서 조형했던 일." 이 문장 속의 '그리스도'
는 성육신, 신의 육화로서의 그리스도이며, '가시적인 제도'란 신-그리
스도를 '매개'하는 교회(그리스도의 몸[그리스도를 머리로 붙인 신체])의 대
표력을 표시한다. 「교회의 가시성: 스콜라적 음미」 속에 있는 한 대목,
누구든 어디서든 다시 한번 그리스도가 임재하기를 바라는 감정의 이
유와 관련된 문장들을 참조할 수 있다: "그런 감정의 권리는 그리스도의
육화[성육신成肉身]라는 구체적이고 역사적인 선행 사건과 구체적 현재
를 결속시키는 중간 매개Vermittlung를, 그리고 그 연결을 중단 없이 전
승하고 있는 가시적인 설비sichtbare Einrichtung를 아무도 무시할 수 없
다는 데에 자리해 있다. [⋯] 교회의 가시성은 그 중간 매개라는 본질로
부터 발생하지만, 그같은 중개란 순간순간마다 새로이 충전되어야 하
는 지속적인 과제이다."(Schmitt, »Die Sichtbarkeit der Kirche«, p. 76.)

40 "세계심판관Weltenrichters의 판결", 신이 육화된 그리스도의 그 비가역
적인 최종판결에 불복하고 항소하는 죄인의 형상 혹은 법정의 상황. 드
메스트르에게 영향을 받은 프랑스의 가톨릭 작가 "에르네스트 엘로"가
법학적 사고를 견지함으로써 창안해낼 수 있었던 "최후의 심판jüngsten
Gerichtes", 그 마지막 날의 심판자 그리스도를 향한 불복과 항소와 공
포를 집약하는 한 문장이 이탤릭체 프랑스어로 인용되어 있다: "나는
당신의 정의로부터 당신의 영광에 대해 항고한다J'en appelle de ta justice à ta
gloire." 이는 엘로가 쓴 문장 자체가 아니라, 엘로의 영향 속에서 가톨릭
으로 개종한 "레옹 블루아"가 엘로에게서 들었다고 하면서 쓴 문장이다
(출처는 Léon Bloy, Salut par les Juifs[유대인의 구원], Paris: A. Demay, 1892,

p. 97. 이 문장을 원문에 따라 정확히 표기하면 다음과 같다: "*J'en appelle DE TA JUSTICE A TA GLOIRE!*"). 슈미트가 행한 인용의 맥락을 살리면서 그 한 문장의 뜻을 풀어 볼 때, 가능하고 필요한 한 가지 번역은 다음과 같이 된다: "나는 당신의 정의에 근거해[그 정의의 법정을 상급심/최종심급으로 삼아] 당신의 영광을[그 영광의 (잘)잘못을] 대상으로 재심을 제기하겠다." 하나인 그리스도를 둘로 쪼개는 항소자. 정의의 그리스도에 뿌리박고 (잘못된) 영광을, 현실적 지배관계를 보장하는 권위근원으로서의 영광의 그리스도를 기소하는 죄인. 그때 그 죄인의 무죄 근거가 정의의 그리스도이다.

그런 세계심판관의 최종심적인 법정과 관련하여(그리고 가톨릭교의 세 가지 대표형식 중 "세계사에서의 권력형식"과 관련하여) 참고할 수 있는 문장은 다음과 같다: "세계사가 세계 법정이라면 세계사는 최종심이 없는, 그리고 최종의 선언적인 판결이 없는 과정(소송)이다."(『현대 의회주의의 정신사적 상황』, 115쪽) '세계사는 세계 법정'이라는 구문은 프리드리히 실러의 시 「체념Resignation」에서 발원하여 헤겔에 의해 앞질러 인용되었다.

정의의 그리스도와 영광의 그리스도, 그렇게 분리된 그리스도, 상충하게 될 그리스도의 그 모순적 상황에 접선될 수 있는 것을 『정치신학 2』에서 보게 된다. 나지안조스의 그레고리우스, 그의 『신학 담화』 제3권 2쪽에서 인용된 문장이 그것이다: "일자Das Eine──토 헨to hen──는 항상 자기 자신에 반대하여──프로스 헤아우톤pros heauton──모반을 일으킨다──스타시아트손stasiatson." 이에 대한 슈미트의 주석은 다음과 같다. "[삼위일체라는] 어려운 교리를 그 어떤 이론의 여지도 있을 수 없도록 표현한 이 정식의 한복판에서 우리는 **모반**Aufruhr을 뜻하는 단어 **스타시스**stasis와 조우하게 된다. [···] 아닌 게 아니라, 이와 같은 모순의 많은 사례들을 그저 병치시켜 놓기만 해도 그것은 정치신학적인 현상들의 인식을 위한 노다지가 되어 줄 것이다. 여기서 우리는 삼위일체 교리의 한복판에 진정한 의미에서의 정치신학적 **내전학**stasialogie이 자리해 있음을 목도하게 된다. 그러니까 적과 적대라는 문제는 [어떻게 해도] 은폐될 수 없는 것이다."(『정치신학 2』, 154, 156쪽)

슈미트는 블루아 속의 엘로를 "도스토옙스키"보다 윗길로 평가한다. "기본적으로 아나키스틱" 하고 "항시 무신론적인" 안티-로마적 격정의 소유자 도스토옙스키, 그의 "대심문관"보다 "한층 더 간명하면서도 무한히 넓은 지평을 가진 프랑스 가톨릭교도의 정신", 그것이 엘로라는 것이다. 무신론 대對 가톨릭, 다시 말하자면 재림 그리스도에 대한 불복의 두 형식. 도스토옙스키의 대심문관, 정확하게는 카라마조프의 형제들 중 하나인 이반 카라마조프의 극시에 등장하는 최고 종교재판관이 재림 그리스도의 심판에 불복할 것임을 고지하는 한 대목을 인용해 놓는다: "힘없고 나약한 이들이 다시금 반역을 일으켜, '비밀'을 손에 쥐고 짐승의 등에 올라탄 바빌론 탕녀의 낯가죽을 벗기리라는 이야기, 그녀의 자줏빛 왕의王衣를 사람들 눈앞에서 갈가리 찢어 '추악한' 몸뚱이를 발가벗겨 보이리라는 이야기도 우리는 전해 들었다. 그러나 그럴 때 나는 분연히 들고 일어날 것이며, [그렇게 심판하는] 너에게 죄 없는 수억의 행복한 갓난아기들을 가리켜 보일 테다. 그들의 행복을 위해 그들의 죄를 대신 짊어진 우리는 네 앞을 가로막고서 이렇게 외칠 것이다. '가능하고 또 그럴 능력이 있거든 우리를 심판해 보아라!'"(표도르 도스토옙스키, 『까라마조프 씨네 형제들』, 이대우 옮김, 열린책들, 2000, 462쪽)

41 "〈마술피리〉"에 등장하는 "밤의 여왕Königin der Nacht", 그녀는 딸 '파미나'를 납치해 간 '자라스트로Sarastro'에게 이를 갈고 있고, 그 아래서 고통받고 있는 딸 생각에 전율하고 있으며, 젊고 순정한 왕자 '타미노'를 다독여 딸을 구출하고자 한다. 타미노를 향한 여왕의 아리아 한 대목을 인용해 놓는다: "오, 내 사랑하는 아들아, 떨지 말거라! / 너는 죄 없이 순정하며, 현명하고, 독실하다. / 너와 같은 젊은이야말로 최선을 다할 능력이 있을 터. / 깊은 비탄에 빠진 이 어머니심정Mutterherz을 위로하거라. / 나는 고통받도록 선택되었다네. / 내 딸을 그리워하는 고통, / 사라진 내 딸로 인해 내 모든 행복이 버려졌다네. / 악당Boesewicht이 그녀를 데리고 사라져 버렸다. / 겁먹고 동요하며 떨고 있는 내 딸을 나는 아직도 본다. / [⋯] 바로 너, 너, 너야말로 내 딸을 자유로이 풀어 줄 수 있을 터. / 너야말로 내 딸의 구제자가 될 수 있을 터. / 네가 승리자로 보이게 될 그때, 그녀는 영원히 너의 것이 되리라."(Wolfgang Amadeus Mozart, *Die Zauberflöte. eine grosse Oper in zwey Aufzügen, von Emanuel Schikaneder*, Wien: Alberti, 1791[바이에른 국립도서관 공개 스캔본], p. 16. 이 초판의 2016년도 현대어판도 참조함) 선뜻 파미나를 찾아 나선 타미노가 '태양'의 신 아래서 현명한 통치를 행하는 자라스트로 쪽으로 끝내 기울게 되자, 밤의 여왕은 딸 앞에 나타나 단검을 주며 자라스트로를 암살하라고, 타미노와의 사랑을 끊으라고, 그렇지 않으면 모녀 간의 정을 끊겠다고 윽박지른다. 밤의 여왕이 부르는 아리아들 속 어느 지점에, "특별한 의미에서 어머니

Mutter"인 그녀가, 그녀와 자라스트로 간의 투쟁이, 말 그대로 "밤에 맞선 태양의 투쟁, 암흑에 맞선 빛의 투쟁"이 있다. 슈미트에게 밤의 여왕은 "프리메이슨 사제에 맞서 투쟁"하는 '모권적' 인물인바, 그때 상류 '남성동맹적' 비밀결사로서의 프리메이슨은 자라스트로와 등가로 놓이며, 그런 사정은 뒤이어지는 다음 한 문장과 맞물린다: "유럽에 맞선 최후의 반대자는 프리메이슨이었다."

그런 '프리메이슨'과 관련해 참고가 될 수 있는 문장으로 여기 꼽아 놓을 것은 이반 카라마조프가 동생 알료샤에게 대심문관의 이념과 행동을 옹호하는 대목이다: "솔직히 말해 나는 그 유일한 인물 대심문관이 운동의 선두에 서 있는 사람들 가운데서 대가 끊겼던 적이 한번도 없다고 확신해. 로마 교황들 중에서도 그 유일한 인물들이 나타났었는지도 모르지. 자기 방식대로 철저히 인류를 사랑했던 그 저주받은 심문관이 그 수많은 유일 심문관들 사이에 지금도 엄연히 존재하고 있으며, 우연히 그런 게 아니라, 비밀을 감추기 위해, 불행하고 허약한 사람들을 행복하게 만들려고 그들로부터 비밀을 감추기 위해 이미 오래 전에 조직된 동맹, 비밀결사의 형태로 존재하고 있는지도 모르지. 그것은 반드시 존재하며 또 존재해야만 해. 나는 프리메이슨의 근본에도 그와 유사한 비밀이 있다고 생각해. 따라서 가톨릭이 프리메이슨을 그토록 증오하는 까닭은, 프리메이슨이 '양떼도 하나 목자도 하나'여야 한다는 이념의 통일성을 깨는 파괴자이며 경쟁자라고 보고 있기 때문이라는 생각이 들어…"(『까라마조프 씨네 형제들』, 466쪽)

42 "셰익스피어의 『폭풍우』와 비교하면서 **프로스페로**가 어떻게 프리메이슨 사제가 되고 캘리밴이 어떻게 파파게노가 되는지를 알아야 한다." 프로스페로는 밀라노의 공작이었다. 친동생 안토니오는 형의 지위를 찬탈해 공국을 나폴리 왕 알론소에게 바쳐 호의호식하고자 했다. 안토니오와 알론소는 "비밀 술법 연구"에 매진하고 있던 프로스페로와 그 딸 미란다를 바다에 버렸고, 둘은 외딴 무인도에서 살아남았다. 프로스페로는 강력한 "마술사"가 되어 "정령들"을 부릴 수 있게 되고, 복수를 위해 폭풍우의 환상을 꾸며 저들이 탄 배를 난파시킨다. 무인도에서 그들은 혼돈과 죽음의 공포를 절감하게 되며, 프로스페로는 자비를 베풀어 "죄의 용서"를 행한다: "저들의 악독한 죄가 아프게 찌른다만 / 나는 더 존귀한 이성과 한편이 되어 / 분노를 물리친다. 더욱 귀한 행동은 / 복수보다 아량이다."(윌리엄 셰익스피어, 「폭풍」, 『셰익스피어 전집』, 이상섭

옮김, 문학과지성사, 2016, 1643쪽) 이어지는 대사는 다음과 같다. "아침[햇살]이 밤을 뒤쫓아 / 어둠을 살라 먹듯 지각이 되살아나고 / 이성을 덮은 무지의 연기를 몰아낸다. [...] 지각이 점점 깨어나 밀물처럼 / 다가와서 잠시 후에 흙탕으로 더러워진 이성의 해안을 가득 채울 것이다." (1644쪽) 캘리밴은 마녀 시코락스의 아들로서, 그 무인도의 원주민이었고, 프로스페로에게 강제당하고 있는 반인반수의 노예이다. "나도 먹고 살아야지"라고 말하는 캘리밴에게 프로스페로가 말한다. "끔찍한 녀석, / 온갖 악을 받아들일 바탕인지라 선의 자국이 / 조금도 안 남아 있어! 불쌍히 여겨 / 애써 말을 배워 주고 언제나 이것저것 가르쳐 주었지. 이 짐승아."(1623쪽) 캘리밴은 조난당한 알론소 왕의 어릿광대 스테파노를 두고 프로스페로를 죽일 수 있는 힘을 지닌 "신"으로 모시고자 한다. 그 기쁨에 겨워 캘리밴이 부르는 노래는 다음과 같다: "새 주인이 생겼다. 새 하인을 구해라. / 자유로다, 축제의 날! 축제의 날, 자유로다!"(1633쪽) 결말에 이르면 캘리밴 역시도 프로스페로의 죄 사함 속에서 "앞으로는 똑똑하게 굴어서 / 자비를 구하겠"(1647쪽)다고 회심하게 된다.

"모든 정치가 무대 세트 앞에서 연기되고 있다"는 슈미트의 진단, 그 무대 앞에 앉은 "파파게노들", 즉 〈마술피리〉의 타미노와 대비되면서 등장하는 세속적 인간형은 그렇게 연극화된 정치의 구경꾼으로, 정치의 "무대 앞바닥"에 앉아 있다. '무대 앞바닥'으로 옮긴 원어는 "Parkett"이며, 이는 '(파리의) 주식거래소'를 뜻하는 낱말이기도 하다. 그럴 때, 파파게노들 앞에서 펼쳐지는 환상적/경제적 무대는 "주식회사 및 기타 '법적인' 인격을 덮어 가린 베일로 인해 구체적 인간의 책임을 물을 수 없"는 상태 속에 있다.

그런 베일-비밀-무책임과 관련하여, 프로스페로(프리메이슨 사제)와 캘리밴(파파게노)에 뒤이어진 문장("18세기까지만 해도 자신만만한 태도로 비밀이라는 귀족적 개념에 과감히 달려들 수가 있었다. 더 이상 그런 용기가 없는 사회"라는 문장)은 낭만주의 비판과 맞물려 있다: "낭만주의 정신에 의해 영향을 받은 세기[19세기]에서는 모든 개인이 불안을 느꼈고 속았다는 느낌을 가졌다는 사실이 감지된다. 우리는 우리를 농락하는 권력 앞에서 무기력하다. 우리는 아이러니를 통해 인간과 세계를 농락하고 싶다. 셰익스피어의 『템페스트』에 나오는 프로스페로처럼, 인간이 [역사라는] 드라마의 '조종간'을 수중에 쥐고 있다고 상상하는 것은 짜릿한 일이다. 그래서 낭만주의자들은 자유로운 주체가 소유한 비가시적 권력에 대한 공상을 펼쳤다. 비밀결사가 가진 권력에 대한 환상, [...]

특별히 악한 소수의 사람들, 즉 은밀한 '배후' 세력이 인간의 역사를 눈에 띄지 않게 조종하고 있다는 식의 생각 속에서, 인간의 의식이 역사적 사건들을 지배한다는 합리주의적 신념과 거대한 사회권력에 대한 마술적-환상적 공포가 뒤섞이며, 때로는 거기에 여기에 섭리에 대한 세속화된 신앙도 가세한다. 낭만주의자는 여기서 아이러니를 통해 현실을 뒤집고 또 그것에 대해 음모를 꾸미려는 자신의 충동에 맞춤한 주제를 발견했다. 그것은 은밀히 사람들을 농락하려는 무책임한 권력욕이었다." (칼 슈미트, 『정치적 낭만주의』, 131쪽)

43 "비밀"로 옮긴 "Arcanum"은 '책상 서랍'을 뜻하는 라틴어이며, 그 서랍에 담긴 것, 숨겨진 것, 비밀, 신비 등의 의미를 지니게 됐다. 그 단어의 복수형이 "Arcana"이다.

44 "프리메이슨"으로서의 "마치니"에 대한 바쿠닌의 비판이 언급되고 있는 것은 바쿠닌의 저작 『마치니의 정치신학과 인터내셔널 *La théologie politique de Mazzini et l'Internationale*』[1871]에서 연원하는 듯하다.

45 "마르크스"를 가리키는 낱말들, 즉 인용부호와 괄호로 표시된 한 구절: "독일 유대인(게다가 트리어에서 태어난)." 이는 "바쿠닌" 같은 "아나키스트 러시아인"에 대한 마르크스와 엥겔스의 본능적인 "증오"를 표시하기 위한 것이었다. '트리어'는 프랑스의 가톨릭 지역이었지만 나폴레옹의 패전 이후 1815년 프로이센에 의해 점령당하고 차별적인 대우를 받았다. 마르크스는 1818년 그런 점령하의 트리어에서 태어났다. 그 당대 트리어의 주민들에게는 그런 차별 상태를 깨고 프랑스에서의 자유를 회복하는 것과 프로이센의 프로테스탄트로부터 가톨릭을 수호하는 것이 공적인 급선무였다.

46 인용부호가 붙은 "룸펜프롤레타리아트»Lumpenproletariat«". 쓰레기·누더기·찌꺼기를 뜻하는 룸펜과 프롤레타리아트의 합성어. 이는 루이 보나파르트(나폴레옹 3세)가 프랑스의 대통령으로 선출된 1848년 12월 10일 이후, 정통 왕조파 앙리 5세와의 경쟁 구도 속에서 왕정복고를 꾀하던 보나파르트 및 그의 지지 집단 '12월 10일회'에 대한 마르크스의 문장들 속에서 연원한다: "12월 10일회에 소속된 사람들이 항상 보나파르트를 수행하였다. 이 단체의 기원은 1849년으로 거슬러 올라간다. 자

선단체를 창설한다는 구실 아래 파리의 룸펜프롤레타리아들이 비밀 지부들로 조직되었는데, 각 지부는 보나파르트의 대리인에 의해 지도되었으며, 보나파르트파의 한 장군이 전체 조직의 우두머리로 있었다. 생계수단도 모호하고 출신성분도 모호한, 타락한 무위도식자들, 그리고 파산한 부르주아 계급의 모험가들과 더불어 부랑자, 제대 군인, 출옥 범죄자, 탈출한 강제 노역자, 사기꾼, 협잡꾼, 거지, 소매치기, 사기 도박사, 노름꾼, 뚜쟁이, 포주, 짐꾼, 삼류 문사, 거리 악사, 넝마주이, 칼 가는 사람, 땜장이, 걸인, 요컨대 모호하고 뿔뿔이 흩어져 여기저기에 내버려져 있는 대중, 프랑스인들이 라보엠La bohème[보헤미안적인]이라고 부르는 대중, 이 다양한 분자들로 보나파르트는 12월 10일회의 핵심을 구성하였다. […] 스스로 **룸펜프롤레타리아트의 두목**이 된 보나파르트, 이 룸펜프롤레타리아트에게서만 자신이 개인적으로 추구하는 이익을 대량으로 찾아내는 보나파르트, 모든 계급의 이러한 쓰레기, 찌꺼기, 폐물을 자신이 무조건적으로 의지할 수 있는 유일한 계급으로 인정하는 보나파르트, 이것이야말로 진짜 보나파르트이며, 있는 그대로의 보나파르트이다. 늙고 교활한 방탕아로서 그는 여러 민족들의 역사 생활과 그 민족들의 주요 정치적 사건들을 가장 천박한 의미에서의 희극으로, 그리고 극히 사소한 협잡까지도 가장 휘황찬란한 의상과 말과 몸짓들로 치장된 가장무도회로 인식하였다."(카를 마르크스, 「루이 보나파르트의 브뤼메르 18일」[1852], 『프랑스 혁명사 3부작』, 221쪽)

47 룸펜프롤레타리아트, 이 합성어를 표시하는 말로 인용부호 없이 괄호 속 불어로만 인용된 한 구절: "비하적인[멸시적인] 동시에 고풍스런[그림처럼 정취 있는]à la fois méprisant et pittoresque". 이 구절은 룸펜프롤레타리아라는 마르크스의 합성어, 그 "기묘한 혼합상태"에 대한 바쿠닌의 비판이 담긴 한 저작의 각주에서 사용된 표현이다. Michel Bakounine, *Fragment formant une suite de L'empire Knouto-germanique*[『크누토(쇠채찍)-게르만 제국과 사회 혁명』과 동일 맥락을 이루는 단편], Œuvres, tome 4, 1910[1872], p. 414.

48 바쿠닌의 "탁월한 레토릭", 그것은 1860년대 말에서 1870년대 초에 걸친 바쿠닌의 마르크스 비판에서 인용된 듯하다. 슈미트의 독일어 인용문은 바쿠닌의 『마르크스주의, 자유와 국가*Marxism, Freedom and the State*』[1950]의 제5장 '사회혁명과 국가'에서 영어로 재확인할 수 있다.

역자 후기

가톨릭이라는 '대표'
그 역량형식들, 그 적들

1. 인용부호가 거듭 사용되고 있음에도 각주가 없는 이 짧은 저작(짧지만 집약적인, 집약적이기 위해 짧지 않으면 안 될 이 텍스트)에 길게 '역자 미주'를 덧붙인 이유는, 정확히 100년 전에 출간된 이 저작이 오늘 이곳에서 '인용 가능한' 텍스트로 다시 활성화될 수 있길 바랐기 때문이다 [물론, 그 바람의 성패는 역자의 의지가 아니라 독자의 판단에 따라 갈릴 것이다]. 같은 이유에서, 그러니까 가능한 인용을 위하여, 이 역자 후기는 저자 본문의 골조를, 본문 속 적대의 짝들을, 그 짝들·이항들의 연쇄를, 그 연쇄·합성으로 이뤄지는 구도 혹은 구조를 적출·구성·표시해 보려는 것이다. 그런 적대의 시발점이자 임계점critical point은 다음과 같다: "가톨릭교의 정치적 이념" 대對 "경제적-기술적 사고".

2. '경제적-기술적 사고'란 오직 하나의 '형식', 즉 "기술적 정밀성이라는 한 가지 부류의 형식"으로만 조형되며, 그런 단일 형식은 "대표의 원칙" 혹은 "대표의 이념과는 아득히 멀리 떨어져 있는 것"으로 규정된다. 그럴 때 "독가스"와 "실크 블라우스"는 전혀 차이가 없는 것으로서, "언제나 한결같은 진지함과 한결같은 정밀함"으로 동질화되는 등가적 가치로서, 그러니까 위계 없는 가치의 난립·난교 상태로서, 달리 말해 "형식이라고 할 수 없"는 "자본의 지배" 아래에서, 무대 뒤 "막후"로부터 국가를 "탈정치화"시키는 무법적 무無형식으로서의 자본주의적 생산-소비 관계 아래에서 다름 아닌 "수요"에 봉사한다(그렇게 '독가스'가 언급되고 있는 것은[저 베버적 "카리스마"론의 활용과 더불어] 슈미트의 나치즘, 다시 말해 지도자 총통을 유력한 대표형식으로 정의하고 거기서 정치적인 것의 이념과 그것의 보존 및 발현을 보고자 했던 때의 슈미트를 생각할 때, 그러니까 '황제 법학자Kronjurist'임을 자타가 공인하던 때의 그를 생각할 때, 앞질러 제시되고 있는 섬뜩한 것, 아이러니한 것이다). 그같은 경제적-기술적 사고의 유일 형식은 이 짧은 저작이 출간된 1923년 전후의 당대와도 관련될 것인바, 그 유일 형식은 '대표의 이념'을 살리지 못하는 바이마르 공화국의 대의

106

제 상황 및 그것에 대한 거부의 맥락과 이어져 있다고 하겠다. 공화국 초기(1918~1922년)의 집권 정당 '독일 사회민주당SPD'의 타협적 진보주의, 그 당의 당수이자 초대 대통령 프리드리히 에베르트의 의회주의=계급합성 노선이 사사화된 대의/대리의 체제임을 어떤 식으로든 반증한 것이 좌우로부터 터져 나온 봉기와 반란이었다. 독일 사민당의 입장과 노선을 공박하면서 거기로부터 분파되어 나온 독일 공산당 혹은 스파르타쿠스 동맹의 봉기(1919년[이 봉기의 주도자 로자 룩셈부르크와 카를 리프크네히트는 한때 동료였던 에베르트 정권 지도부 아래의 우익 민병대(백색 테러 조직)인 '자유 군단', 일명 '피에 주린 노스케'에 의해 살해당했다]), 카프-뤼트비츠 폭동(1920년), 루르 노동자 무장 봉기(1920년), 히틀러 나치의 뮌헨 폭동(1923년) 등이 그런 사례들이다. 슈미트 당대의 경제적-기술적 사고는 1차 대전 이후의 전후 처리 및 1917년 러시아에서의 혁명이라는 "이념사적 적정성"과 맞물려 전개된 체제-반체제 운동을 배경에 두고 있다. 그런 경제적-기술적 사고의 유일 형식에 맞세워지는 '가톨릭교의 정치적 이념'이란 바이마르적 대의/대리의 상황이 아닌 "대표의 세계"로 이뤄지며 그것은 포개진 세 겹의 질서, 세 배로 증강되는 질서화의 형식으로 정의된다.

그 세계는 가치의 위계질서와 휴머니티를 갖는 것이다. 대표의 세계 속에는 가톨릭교의 정치적 이념과 그 3중으로 된 위대한 형식의 힘이 살아 있다: 예술에서의 미학적 형식, 법학에서의 법권형식, 영예의 빛으로 넘치는 세계사에서의 권력형식.

이 3중 형식을 관통하고 또 지탱하는 특질은 가톨릭 교회의 '가시성'이다. 가톨릭교가 "가시적인 제도로서 형성"되고 있다는 것, 그 제도란 "사적인 것이나 순수 내면성"을 질서의 이름 아래에서 살필 수 있는 "본질적으로 법적인" 형식으로 조형된다. "사적인 것의 리버럴한 정초에 맞선 대립 속에서 가톨릭 교회의 법적 형식화는 공공성을 띤다." 이에 반해 경제적-기술적 사고는 생산의 "익명화" 뒤로 은폐되면서 작용한다. 그것에 "베일"은 필수불가결한 방법적 조건이다. "주식회사 및 기타 '법적인' 인격을 덮어 가린 베일로 인해 구체적 인간의 책임을 물을 수 없게" 되는 사태, 이는 "현대의 부富와 관련해 누가 그것의 본래적 생산자이며 창조자인지, 결과적으로 누가 그것의 주인인지에 대한 도덕적인 또는 법적인 책임과 관계된다." 그런 무책임의 베일을 찢는 가톨릭교의 법권형식, 그 대표력은 '책임'짐의 역량을 전제로 삼고 있다. 경제적-기술적 베일, 그 비밀화된·익명화된 힘의 발현이 가시성의 힘에 의해 적으로 다시 개시되는 지점은 가톨릭교의 정치적 이념이 구체적으로 현시되는 상태, 공개적 연설의 현장, "대표하는 연설"의 전장이다. 슈미트의 보쉬에 옹호. "그의 연설은 감탄을 자아내는 권위를 배경으로 할 때만이 가능한 것이었다. 그 연설은 추론이나 명령에도, 변증법에도 귀속되지 않으며 자신의 고유한 건축 구조 속에서 운동한다. 그의 위대한 어법은 음악 이상인바, 말을 조형하는 합리성 속에서 가시화되는 것은 인간적 위엄이다." 대표하는 연설, 연설의 대표력을 보장하는 힘으로서의 '권위', 그런 보장 속에서 '가시화'되는 인격적 '위엄'은 경제적-기술적 사고의 베일로 가려진 법인과 충돌한다. "오직 인격만이 탁월한 의미에서 대표할 수 있는바, 대표란 더 정확히 말하자면——간소화된 '대리'와는 구별되는——권위를 지닌 인격, 또는 대표되자마자 똑같이 인격화되는 이념 자체라고 할 수 있다." 권위-인격-대표로 가시화되는 법권형식, 그 공공적 질서의 창출력과 연동되는 가톨릭교의 정치적 이념은 그렇게 경제적-기술적 사고의 베일·은폐·무책임을 거절하면서 또 하나의 베일, 예컨대 비의적인 권위에 근거한 "프리메이슨"을, 다시 말해 가톨릭교의 법권형식에 맞서 휴머니티 이념의 진정한 대표임을 자임하는 "비밀단체"를, 이른바 '유럽 공법Jus Publicum Europaeum'적 질서를 깨는 그들 비밀결사의 상태를 공박한다. 그렇게 베일로 덮인 무법성, 그 불법의 비밀성을 억지하는 가톨릭교의 가시성, 그것의 대표력은 또한 동시에 "모든 위대한 정치는 '비밀Arcanum'에 부속되어 있음"을 대표의 원칙으로 삼고 있는 것이기도 했다. 그 지점에서도 가톨릭교의 대표력은 "*상충되는 것들 간의 연접결합complexio oppositorum*" 속에서 작용한다. 가시성과 비밀은 모두 "가톨릭 정치katholische Politik"의 주요 형식이며, 서로의 방식을 적재적소에서 적절히 가동되게 하는 것이기 때문이다.

3. 경제적-기술적 사고의 "합리주의" 혹은 "절대적인 경제적 객관성"은 거짓 적대의 토대이다. 본문에서 슈미트 자신이 세 번 반복하는 것이라고 언급하는 자본가(부르주아지)와 러시아 볼셰비키(프롤레타리아트) 간의 외양적인 대립이 그런 거짓 적대의 중핵이다. 그 둘이 공유하는 공통의 유일한 "이상[향]" 또는 "유토피아"는 다음과 같이 비판된다. "위대한 경영자는 레닌의 이상, 즉 '전력이

공급되는 지구' 이외의 다른 이상을 갖고 있지 않다. 양쪽 모두 실제로는 전력공급의 방법에 대해 누가 옳은지를 두고서만 다투고 있다. 미국의 금융가들과 러시아의 볼셰비키가 서로 힘을 모으는 것은 경제적 사고를 위한 투쟁, 그러니까 정치가들과 법률가들에 맞선 투쟁에서이다." 정치와 법권에 대항한 그들의 연합된 경제주의적 투쟁, 그것의 근원이자 산물로서 설정되고 있는 것이 그들의 이상향과 유토피아이다. 그것의 정당성을 조달하기 위해 그들 자본가와 노동자는 공통적으로 "공공의 안전salut public[공공적 구원]"을 내걸고서는 서로 간에 다음과 같은 적대적 말을 등가교환으로 주고받음으로써 서로의 "타당성과 권위"를 적정선에서 타협·인준·분점한다. "내가 너희를 먹여 살리고 있다", "우리가 너희를 먹여 살리고 있다." 이 거짓 적대, 모조 구원적인 환상의 실제적 폭력 연합을 거스르는 구체적이고도 역사적인 대표형식이 가톨릭교인바, 그것은 "이해관계적인 당사자-콘체른이 아니라 정치적 국가"를 전제로 삼고 "완전한 사회societas perfecta[통달된 공동관계]"를 지향한다. 이를 위한 가톨릭교의 "특별한 합리성"은 경제주의적인 것이 아니라 법적이고 정치적인 이념의 문제, 바로 그 "이념이 살아 있는가의 여부"에 걸린 것이며, 다음 한 대목 속에서 운용되는 힘의 형식과 연동되고 있다: "권력 유지의 단순한 기술만으로는 그 어떤 정치 시스템도 한 세대조차 살아남을 수 없다. 권위 없는 정치는 없고 신념의 에토스 없는 권위는 없으므로, 이념은 정치적인 것에 속한다." 이 지점에서, 가톨릭교의 3중 형식 중 하나로 제시됐던 법권형식적 대표력이 다시금 중핵으로 떠오르게 된다.

가톨릭 교회의 사회학적인 비밀들 가운데 하나는 교회가 법적 형식을 향한 역량을 가졌다는 점이다. 그러하되 교회가 모든 형식에 관한 힘을 가질 수 있는 것은 교회가 대표를 위한 힘을 가졌기 때문이다. 그것은 **치비타스 우마나**civitas humana[시민공동체적 인간/휴머니티]를 대표하고, 그리스도의 성육신과 십자가 희생에 이어지는 역사적 연결의 모든 순간들을 붙잡으며, 역사적 현실성 안에서 인간이 된 신으로서의 그리스도 자신을 인격적으로 대표한다. 그런 대표 속에 경제적 사고의 시대를 넘어서는 교회의 우월성이 자리해 있다.

가톨릭교, 다시 말해 '법적 형식을 향한 역량'과 '대표를 위한 힘'에 뿌리박은 정치적 형식, 혹은 그런 역량과 힘을 보장하는 그리스도-정치학의 구현체. 반복하자면, 가톨릭교는 "법적 정신의 가장 웅장한 스타일을 가진 버팀목이자 로마 법학의 진실한 상속인이라는 점"에 뿌리박고 있다. 저 법권형식은 '법적 정신'과 일체화되어 있으며 다름 아닌 "정신의 문란한 잡혼 상태"를 억지한다. 그것이 가톨릭교의 정치적 형식, 가톨릭교라는 대표의 법식 속에서 행해지는 과업의 한 가지 양상이다. 그런 형식·법식이 세워지는 질서의 대지, 그 "땅"의 다른 이름이 '노모스'이다. 법적 정신이 관철되는 그 땅은 이렇게 표현된다: "로마-가톨릭 인민은 땅을, 어머니적인mütterliche[모계/모태의] 대지를 다르게 사랑하는 듯한데, 그들 모두가 자신의 '테라[땅·흙·지구]주의terrisme'를 가지고 있는 것처럼 보이기 때문이다. 그들에게 자연이란 예술과 인간 작업 간의, 이해력과 감정·마음 간의 대립을 뜻하는 게 아니라 인간적인 노동과 유기체적인 성장 간의, 자연과 라티오[이성/분별력] 간의 일치를 뜻한다. 포도 재배는 그런 합일의 가장 아름다운 상징이며, 그같은 정신을 따라 건설된 도회지들 역시도 주변 풍경과 잘 어울리면서도 대지에 충실한 것으로서, 그렇게 토지로부터 자연적으로 생장한 산물로서 모습을 드러낸다." 그 땅, 그러니까 '정신'의 문란이 아니라 법적 정신을 따라 세워지는 질서의 대지, 그 (모권적) 노모스가 달리 표시되는 한 대목을 앞당겨 끌어오면 다음과 같이 된다: "모든 규준의 기초가 되는 최초의 측량, 최초의 공간 분할과 분배로서의 최초의 육지 취득Landnahme, 원초적 분할과 원초적 분배에 해당하는 그리스어가 노모스이다. / 노모스는 '분할하는 것Teilen'과 '목양牧羊하는 것Weiden'을 의미하는 네메인nemein으로부터 왔다. 따라서 노모스는, 그곳에서 한 민족의 정치적·사회적 질서가 공간적으로 가시화되는 그러한 직접적인 형상, 목초지에 대한 최초의 측량과 분할, 즉 육지의 취득으로부터 나오게 되는 것과 마찬가지로 육지 취득 속에 존재하고 있는 구체적 질서이다. […] 노모스는 대지의 토지를 특정 질서 속에서 분할하고 자리잡게 하는 척도이며, 그와 더불어 주어지는 정치적·사회적·종교적 형상이다. 척도와 질서와 형상은 여기서 하나의 공간적인 구체적 통일을 형성한다."(슈미트, 『대지의 노모스』) 1950년도의 이 한 대목[이는 1953년도의 논문 「Nehmen / Teilen / Weiden」에서 증폭된다] 속의 노모스, 그것은 대표의 원칙에, 가톨릭교가 지닌 정치적 대표 이념의 3중 형식이 보위되고 있을 그때 최적화된 상태로 착근着根됐던 게 될 터이다. 그런 노모스의 형식, 그것이 뿌리박고 있는 것, 그 뿌리가 가지를 뻗어 건드리고 지나가는 것이 저 로마-가톨릭 인민의 법적 정신과 어머니 대지론(테라주의론)이라고 할 때, 1923년도에 나온 이 짧은 저작은『대지의 노모스』를 경유하여 슈미트 최후의 표식, 즉 그의 고향 가톨릭 공동묘지에 세워진 묘비명 "KAI NOMON EΓNΩ [그는 노모스를 배워 알았다(카이 노몬 에그노)]"와, 그러니까 저 오디세우스가 여러 땅을 편력하면서 풍습과 법도를 배워 알게 됐음에 빗대어진 그 묘비명 속의 '노모스'와 접맥된다. 바로 그 노모스의 의미연관이야말로 가톨릭 정치의 궁극적 이념 형식을 집약해 드러내는 다른 이름, 대표가 배워 알아야 할 정치신학적 이념이며, 그것의 발현을 가시화하는 구체적 법식이다.

4. 가톨릭교의 근원이자 산물인 어머니-대지의 노모스, 그 위에서 교회는 다음과 같이 원한다: "교회는 두 대표[교회와 국가]가 파트너로서 서로 대치해 있는 특별한 공동체 안에서 국가와 더불어 살기를 원한다." 달리 말하자면, "국가가 리바이어던이 될 때 그것은 대표의 세계에서 소멸"하는바, 국가와 대치 중인 파트너로서의 가톨릭 교회는 그런 소멸을 억지하는 대표형식이다. 대치 중인 파

트너, 그것은 *상충되는 것들 간의 연접결합*에 뿌리박고자 하는 가톨릭교의 존재론이자 방법론이다. 대치 중인 파트너로서의 가톨릭교, 그것의 정치적 이념은 다름 아닌 "최후의 날"과 관련해서도 의심하고 불복하면서, 예컨대 저 에르네스트 엘로의 "법학적 범주"가 보여주듯이 최종심판자로 재림한 그리스도에게 *"나는 당신의 정의로부터 당신의 영광에 대해 항고한다"*라고 선언하면서, 끝나지 않는 적대와 질서 간의 "변증법"을, "분규"와 "법질서" 간의 영속적인 변증법을 보존한다. 가톨릭교라는 대표의 원칙, 그 극한적 변증법의 이념형이 슈미트의 엘로 인용, 곧 최후심판일의 그리스도마저도 정의의 그리스도와 영광의 그리스도로 준별(크리틱)하는 힘의 형식 속에서 제시된다. 가톨릭교, 그 "대표의 사고는 정의 대對 영예 가득한 광채라는 영원한 대립을 분만한다." 저 3중 형식 가운데 하나로 제시됐던 '영예의 빛으로 넘치는 세계사에서의 권력형식'을, 그런 영원한 정치적 형식의 출산과 "분만[gebären]"의 힘으로, "특별한 의미에서 어머니"가 갖는 힘으로, (슈미트 역시 다룬 적이 있는 바흐오펜의『모권: 고대 여성 지배의 종교적 및 법적 성격 연구』[1861] 곁에 놓일) 모권적 특권으로 새겨놓게 된다: "어머니에 맞선 봉기라는 게 있을 수 있겠는가?"

어머니=가톨릭교에 맞선 봉기란 있을 수 없다. 가톨릭 정치가 궁극의 대표이자 대표의 궁극인 까닭이 거기 있다.

이 텍스트의 초판이 출간되었던 100년 전의 상황을 기리며
2023년 6월, 역자

추기

i) 책 제목으로 제시한 "가톨릭교Katholizismus" 및 "정치적 형식 Form"이라는 번역어에 대해 언급하고자 한다. 카톨리지스무스(가톨리시즘), 그 '주의[ism]'의 구체적 발현체는 교회이며, 그 주의의 이념을 표시하는 것은 가톨릭의 교칙이자 그런 교칙·교리로 조형되는 가톨릭·보편 질서를 향한 신앙이다. '가톨리시즘'이 아니라 '가톨릭교'라는 번역어로 그같은 교회와 교칙·교리·교의·교범이 집약적으로 제시되길 바랐다. '형식'이라는 번역어의 '형型'은 세워진 '식式(법·법규·규범을 따름·본뜸·본받음)'이지 정태화된 '태態(주어진 형편, 소여의 상태)'가 아니다. 따라서 '형태'가 아니라 '형식'이어야 했다. 본문 속 '형식'이라는 낱말은 항시 '법식法式'에 준하는 것으로서 의미화되고 있다. 본문 속 '정치적 형식'을 강하게 읽자면, 그것은 '정치적[인 것]=형식'으로 옮겨도 될 정도이다.

ii) 선행 번역에 대해: 일본어판과 영어판은 여러 수준에서 참고했지만 스페인어판은 주로 낱말 수준에서 참고했다. 스페인어판의 역자가 자국의 맥락에서 슈미트의 도노소 코르테스를 언급한 역주가 있기를 기대했지만 스페인어판에는 역주 자체가 없다. 일본어판 역시 역주가 없으며 영어판의 역주는 소략하다. 슈미트의 에르네스트 엘로 인용을 자국의 맥락에서 언급하는 역주가 있길 기대한 프랑스어판(2011년 출간)은 입수하지 못했다. 이 프랑스어판은 영어판과 마찬가지로 「교회의 가시성: 스콜라적 음미」를 함께 싣고 있으며, 더불어 도노소 코르테스 관련 글들도 수록함으로써 슈미트의 '가톨릭 정치'가 종합적으로 제시될 수 있게 했다. 일본어판은 의역이 많고(의미를 풀고 늘림으로써 원문의 의미를 초과하고), 원문의 문장을 임의로 끊고 있으며, 원문에는 없는 문장과 단어를 다수 삽입하는 등 여러 문제를 안고 있다. 영문판 역시 과도한 의역이 발견되며, 누락된 문장이 있고, 단락 구분이 임의로 행해졌으며[이는 1925년판을 기준으로 했을 때다(그럴 때 스페인어판도 단락 구분이 임의적이다)], 원문에는 없는 라틴어가 삽입되어 있다. 한국어판[김효전 옮김, 교육과학사, 1992; 산지니, 2020(해적판)]은 일본어판과 그 역자 고바야시 이사오(법철학자)의 이름을 밝히지 않은 채

거의 그대로 옮김으로써 일본어판의 문제를 고스란히 답습하고 있다. 그런 답습은 기계적-축자적 중역의 한계 속에서 이뤄짐으로써 더 악화되고 있다(그 악화의 정점은 중역된 한국어 문장이 말이 되게 오역된 지점, 중역-오역 속에서 잘못된 뜻이 잘 통해 버리는 지점이다). 세 선행 번역 모두 원문의 문장 구성, 기호 사용, 외국어 표기에 대한 감각이 예민하지 못한바, 일본어판이나 영어판에서 슈미트의 문맥 구성을 살리고 그의 스타일까지 느껴지게 하는 번역을 기대할 수는 없다(예컨대 본문 중 가장 긴 문장은 1925년판 원문 기준, 쉼표 7개를 찍어 10줄로 구성되어 있다). 그런 선행 번역들을 조심스레 참조했고, 할 수 있는 한 문제들과 씨름해 가면서 번역했다.

iii) 책날개의 저자 소개는, 슈미트의 약력을 무엇보다 강력히 (한국어로는 최초로) 제시했던 국역본 『정치신학』(김항 옮김, 2010)의 소개를 따른 것이다.

iv) 끝으로, 두번째테제 '장원' 대표의 이름을 따옴표 쳐서 여기 새겨 놓는다. 이 저작의 출간 의뢰를 망설임 없이 수락했고, 그 직후부터 저작권 계약이 완료되기까지 끈질기게 이어진 그의 기다림이 없었다면, 이 텍스트의 번역은 빛을 구하지 못했을 것이다.

인명 소개

게오르크 옐리네크(Jellinek, Georg, 1851~1911) 19세기 독일을 대표하는 헌법학자, 행정법학자. 역자 미주 36번 참조.

단테 알레기에리(Alighieri, Dante, 1265~1321) 이탈리아 피렌체 출신의 시인, 철학자, 정치가.

데이비드 로이드 조지(George, David Lloyd, 1863~1945) 영국의 정치가, 백작.

데지레-조제프 메르시에(Mercier, Désiré-Joseph, 1851~1926) 벨기에의 성직자, 추기경, 메헬렌 대주교.

레옹 블루아(Bloy, Leon, 1846~1917) 프랑스의 가톨릭 (풍자)작가. 미주 40번 참조.

로버트 휴 벤슨(Benson, Robert Hugh, 1871~1914) 로마 가톨릭 개종자, 신부, 신학자, 작가.

루돌프 좀(Sohm, Rudolph, 1841~1917) 독일의 (교회)법학자, 교회사가, 신학자. 괴팅겐·프라이부르크·라이프치히 대학에서 로마법, 교회법, 독일법을 가르쳤고, 교수. 총장을 역임했다. 슈미트에게 강한 영향을 끼친 인물 중 하나다. 1892년 출간 즉시 획기적인/논쟁적인 저작으로 평가받았던 『교회법 *Kirchenrecht*』(2권은 그의 사후 1923년에 출간)은 초대교회의 예수운동이 뿌리박고 있던, 신의 은총으로 내려 받은 '카리스마'가 어떻게 율법주의적 관료주의로 변형되어 갔는지를 탐색했고, 이는 베버에 의해 다시 활용되었다.

루이 뵈요(Veuillot, Louis, 1813~1883) 프랑스의 저널리스트, 작가, 울트라몬타니즘[미주 8번 참조]의 옹호자, 반유대주의자.

마르키온(Marcion of Sinope[Μαρκίων], 85?~160?) 초기 기독교 신학자. 이단. 미주 12번 참조.

막스 베버(Weber, Max, 1864~1920) 미주 5번, 19번, 24번, 25번 참조.

미하일 바쿠닌(Bakunin[Бакунин], Mikhail Alexandrovich, 1814~1876) 러시아 출신의 아나키스트 혁명가, 철학자. 러시아 정교도에서 무신론자로 전향. 미주 47, 48번 참조.

볼프강 아마데우스 모차르트(Mozart, Wolfgang Amadeus, 1756~1791) 오스트리아의 작곡가. 미주 42번 참조.

블라디미르 일리치 레닌(Lenin[Ленин], Vladimir Ilyich, 1870~1924) 러시아 제국 및 소비에트 연방의 혁명가, 정치철학자, 볼셰비키의 지도자. 미주 22번 참조.

샤를 모라스(Maurras, Charles, 1868~1952) 프랑스의 문예평론가, 작가, 왕당파 우익 '악시옹 프랑세즈'에서 활동했다.

샤를 몽탈랑베르(Montalembert, Charles, 1810~1870) 프랑스의 정치가, 역사가. 1831년 가톨릭 학교 설립에 참여하면서 교회를 배제한 국가의 교육 독점을 비판했다. 7월 혁명의 루이 필립 1세 치하에서 자유주의적 가톨릭 세력의 지도자가 되었다. 『자유국가 속의 자유교회: 폴란드 봉기』[1863] 등 20권이 넘는 저작을 펴냈다. 토크빌. 라코르데르와 함께 "리버럴 가톨릭을 대리"한 인물로 본문에 언급된다.

성 도미니코(Sanctus Dominicus, 1170~1221) 스페인 성직자, 가톨릭 성인, 도미니코 수도회의 창설자.

알렉시 드 토크빌(Tocqueville, Alexis de, 1805~1859) 프랑스의 자유주의적 정치철학자. 역사가, 백작. 청년기에 프랑수아 기조의 역사 강의로부터 큰 영향을 받았다. 법률을 공부했고 변호사, 베르사유 재판소 배석판사, 7월 왕정하에서의 대의원, 2월 혁명 시기의 의원, 1849년 루이 나폴레옹 대통령하 오딜롱 바로 내각의 외무장관, 1851년 동일 대통령의 쿠데타 때 체포 및 정계 은퇴 등 격동의 시절 국권의 세 종류를 모두 경험했다. 『합중국 감옥제도의 프랑스 적용에 관하여』[1833], 『미국의 민주주의』[1835/1840], 『앙시앵레짐과 프랑스혁명』[1856] 등을 썼다. 본문에 나오는 "아카데미 프랑세즈"의 회원이기도 했다.

에드먼드 버크(Burke, Edmund, 1729~1797) 아일랜드 더블린 출신의 영국 정치인, 정치철학자, 연설가. 최초의 근대적 보수주의자.

에르네스트 르낭(Renan, Ernest, 1823~1892) 프랑스의 작가, 문헌학자, 철학자, 역사가. 미주 23번 참조.

에르네스트 옐로(Hello, Ernest, 1828~1885) 프랑스의 가톨릭 작가, 평론가, 기독교 변증가. 미주 40번 참조.

에마뉘엘 조제프 시에예스(Sieyès, Emmanuel Joseph, 1748~1836) 프랑스의 혁명 지도자, 정치가, 성직자. 미주 30번 참조.

오귀스트 콩트(Comte, Auguste, 1798~1857) '실증주의 철학'과 '사회학'이라는 이름의 창안자.

오토 폰 비스마르크(Bismarck, Otto von, 1815~1898) 미주 4번 참조.

올리버 크롬웰(Cromwell, Oliver, 1599~1658) 미주 4번 참조.

요제프 폰 괴레스(Görres, Joseph von, 1776~1848) 가톨릭주의자, 교육자, 작가, 시사평론가. 「라인 메르쿠르」 신문을 창간해 나폴레옹에 맞섰고, 프로이센의 반동주의를 비판했다. 교황황제주의의 입장을 취했다. 미주 16번 참조.

워런 헤이스팅스(Hastings, Warren, 1732~1818) 영국의 정치인, 동인도회사의 서기, 인도의 초대 총독.

윈스턴 처칠(Churchill, Winston, 1874~1965) 영국의 정치가. 총리 2회, 상업장관, 내무장관, 해군장관, 공군장관, 국방장관 역임. 60년간 국회의원이었다. 경제적 자유주의자, 제국주의자, 노벨문학상 수상자.

윌리엄 이워트 글래드스턴(Gladstone, William Ewart, 1809~1898) 영국 제41·43·45·47대 총리. '글래스드턴 자유주의'로 표상되며, 제국주의적 현실정치에 반대해 평화주의적 중재외교(특히 아편전쟁 반대), 아일랜드 자치, 비밀투표 참정권 등을 추진했다.

윌리엄 셰익스피어(Shakespeare, William, 1564~1616) 영국의 극작가, 시인.

이폴리트 텐(Taine, Hippolyte, 1828~1893) 프랑스의 철학자, 비평가, 역사가.

자크-베니뉴 보쉬에(Bossuet, Jacques-Bénigne, 1627~1704) 프랑스의 주교, 신학자, 설교가. 여러 연설문집을 비롯해 『보편사에 관한 담론』, 『성서의 문자로부터 이끌어낸 정치』[1679], 『아포칼립스에 대한 설명』[1689] 등 31권의 전집이 출간되었다(1862~1864). 미주 33번 참조.

장-바티스트 라코르데르(Lacordaire, Jean-Baptiste, 1802~1861) 프랑스의 가톨릭 신학자. 루소의 제자였으나, 1830년 프랑스 가톨릭 청년계의 중심인물이던 라므네 신부에 의해 개종, 울트라몬타니즘적인 경향 속에서 도미니코회 수사가 되었다. 가톨릭과 근대 사상을 결속시키고자 했고, 노트르담에서 행한 10년간의 설교로 주목받았다. 이는 『노트르담 드 파리에서의 강연』(전6권, 1835~1854)으로 출간됐다.

장-자크 루소(Rousseau, Jean-Jacques, 1712~1778) 『사회계약론』의 저자. 미주 36번 참조.

조르주 소렐(Sorel, Georges, 1847~1922) 『폭력에 대한 성찰』의 저자. 프랑스의 철학자, 혁명적 생디칼리즘 이론가.

조제프 드 메스트르(Maistre, Joseph de, 1753~1821) 프랑스의 가톨릭 사상가, 외교관, 반혁명적 왕당파, 보수주의자, 권위주의자, 치안판사.

조지 고든 바이런(Byron, George Gordon, 1788~1824) 괴테로부터 '금세기 최대의 천재'라 칭송받은 영국의 낭만주의 시인, 상원의원, 귀족. 1812년 방직공 임금 투쟁 탄압에 맞선 연설로 알려졌고, "모든 유럽인은 그리스인이다"라는 문장과 용병 참여로 오스만 제국에 맞선 그리스 독립전쟁을 옹호했다. 『차일드 해럴드의 순례』, 『프로메테우스』, 『돈 주앙』 등을 남겼다. 미주 9번 참조.

조지 커즌(Curzon, George, 1859~1925) 영국의 정치가, 백작, 외무장관, 보수당 우파 지도자.

주세페 마치니(Mazzini, Giuseppe, 1805~1872) 이탈리아 통일운동 시대의 혁명가, 정치가. 가리발디, 카보우르와 더불어 이탈리아 통일 3걸로 알려짐.

카를 마르크스(Marx, Karl, 1818~1883) 『자본론』의 저자. 미주 36번, 45번, 46번 참조.

카를 카우츠키(Kautsky, Karl, 1854~1938) 체코계 오스트리아인. 독일에서 활동한 철학자, 언론인, 경제학자, 마르크스주의 이론가, (기독교)철학자. 미주 37번 참조.

패트릭 피어스(Pearse, Patrick Henry[Pádraic Piarais], 1879~1916) 아일랜드 더블린 출신의 가톨릭 열혈 신자이자 민족주의자, 교사, 시인, 혁명가.

퍼시 비시 셸리(Shelley, Percy Bysshe, 1792~1822) 영국의 낭만파 작가(시인, 극작가, 소설가). 미주 32번 참조.

페르디난트 라살(Lassalle, Ferdinand, 1825~1864) 독일의 사회주의자, 혁명 사상가. 독일 사회민주당의 전신 '독일 노동자협회'의 창설자.

펠릭스 뒤팡루(Dupanloup, Félix, 1802~1878) 오를레앙의 주교, 프랑스 자유주의 가톨릭의 지도자.

펠릭스 코룸(Korum, Felix, 1840~1921) 독일에서 가장 오래된 가톨릭 교구, 트리어의 주교.

표도르 도스토옙스키(Dostoevsky[Достоевский], Fyodor, 1821~1881) 미주 40번 참조.

프랜시스 톰슨(Thompson, Francis, 1859~1907) 영국의 시인, 가톨릭 신비주의자. 그의 명성을 떨치게 했던 것은 1890년 발표된 『천국의 사냥개 *The Hound of Heaven*』, 그 182행 속에서 묘사되고 있는 신에 의한 인간의 추적과 탐색을 통해서이다. 미주 32번 참조.

프리드리히 엥겔스(Engels, Friedrich, 1820~1895) 독일의 경제학자, 철학자, 정치가.

피에르 뒤엠(Duhem, Pierre, 1861~1916) 열역학, 유체역학, 탄성 이론을 연구한 프랑스 이론물리학자. 중세 과학사학자. 종교에 관한 글을 남기기도 했다.

후안 도노소 코르테스(Cortés, Juan Donoso, 1809~1853) 반혁명 국가철학자. 미주 11번 참조.

휴스턴 스튜어트 체임벌린(Chamberlain, Houston Stewart, 1855~1927) 영국계 독일인 정치평론가, 인종 이론가, 각본가.